5416米
地圖上看不見的距離

楔子

三年前，我還是一名高中畢業生，為了考上大學，平日白天上課，週末晚上到便利商店打工。

在那些獨自一人留守店面的夜晚，我最愛的娛樂就是翻閱雜誌架上的旅遊指南，但吸引我的不是閃亮的封面，也不是照片比文字多的內頁，而是印在書中第一頁的地圖。地圖上除了指南重點介紹的國家，通常也會顯示其周邊國家，像是柬埔寨和越南、寮國、泰國，這使我突發奇想：

「如果在地圖上畫一條線，把越南、柬埔寨、泰國和馬來西亞連起來，我是否可以沿著這條路線，不坐飛機，『腳踏實地』地從香港經陸路到馬來西亞？」

於是，二十歲的我獨自踏上這段三十九天的旅程，自此好像上了癮似的，沉迷於背著背包出走，以及走路穿越城市甚至國界的感覺。

「出走」二字體現了背包旅行的浪漫，帶著少量行李出發，離開現實生活，多麼瀟灑脫。但理直氣壯地認同這種浪漫，似乎是年輕人的專利，就像在大學期間，不管我多沉迷於旅行，甚至到了一年去五次的地步，只要旅費是自己打工賺來的，我

完全沒有一點罪惡感，反而慶幸自己有善用那三年的自由，走遍大半個東南亞，「反正我讀的是亞洲及國際研究，旅行也是學習的一部分啊！」

但當身分從學生變成社會人士，這個無形而微妙的變化使一切都不一樣了。看著身邊的同學在畢業前一兩個月就已經開始找工作，務求做到「無縫接軌」，我和多年好友黃凱琪也決定擱置我們想像了三年的畢業旅行——西藏、尼泊爾、印度、斯里蘭卡。一個帶著滿腔熱誠，一心想進入非政府組織工作；一個從國際新聞系畢業，打算繼續往新聞界發展。

就在我們打算放棄之際，機會卻出現了。

我看到一則知名教育機構的招聘廣告，是關於一份為期一個月的短期工作，工作內容是在暑假帶一群學生，到歐美國家參加英文課程。

「所以，如果我先找一份臨時工，然後八月帶遊學團，不就有藉口又有資金，能在九月出發去夢寐以求的畢業旅行了嗎？」想到此處，南亞的色彩、尼泊爾的喜馬拉雅山脈，和神聖拉薩的形象紛紛在腦海中冒出來，我忍不住立刻跟凱琪商量，沒想到她也不約而同地接到一份九月結束的實習，剛好秋天是適合到尼泊爾徒步的季節，這下天時、地利、人和全湊齊了。

於是我們又陷入天人交戰中，去，似乎是天意，也是我們心裡想要的結果；不去，卻似乎比較理性。想到履歷表上整整半年的空白，以後面試時必然會被「審問」，就會發現自己雖然沒有家庭壓力，卻也不如想像中地瀟灑。但轉念一想，這段畢業後的時期已經是最有理由表現任性的時候，隨著年紀增長，包袱只會增加而不會減少，對於履歷表上的空白，也只會越來越難解釋，難道我們就一輩子不去做自己想做的事嗎？

這似乎是亞洲人獨有的掙扎。以前在東南亞旅行時遇過很多西方背包客，大多是畢業後、甚至是辭職之後來東南亞旅行的，一玩就是半年，但他們總是表現出「人生本該如此」的態度，而不是為了放下日常生活而感到內疚。不過，我們自問沒辦法做到如此灑脫，因此最後雖然決定前往，但也折衷縮短了旅行的長度。為了在二〇一五年結束之前完成整趟旅行，我們忍痛放棄了印度，並選擇較易安排的斯里蘭卡為第一站，再到尼泊爾徒步，最後過境西藏，坐火車回香港。

在遊學團出發之前，我如願找到一份短期工作，一個月的斯里蘭卡行程就在該公司的辦公室成形。與此同時，人脈較廣的凱琪，找到了父母在尼泊爾經營徒步旅行社的朋友，就這樣彼此分工合作，我們在一個月內草草做好了必要的行前準備，一趟沒有回程日期的旅行就此展開。

Ⅲ 西藏

Sri Lanka

I 斯里蘭卡

一　坐車是一場修行

南亞的陽光果然是名不虛傳，抬頭一看，眼前的馬路彷彿正冒著熱氣，我們的眼睛都快睜不開了，感覺每多走一步，肩上的大背包就重上一分。當時我們剛下飛機，從斯里蘭卡國際機場唯一的提款機領了現金，匆匆辦好電話卡，就頭也不回地穿過計程車陣，步入九月的陽光之中。

這也許是一種背包客的執著，可以走路就不坐車，有公共交通就不坐計程車。一方面當然是為了省錢，但對我而言，或許更重要的原因只是不想選一種毫無挑戰性的交通方式。

經驗告訴我們，離機場越遠，越容易找到便宜的公共交通，因此我們一直往外走。但在經過了一輛輛開往首都可倫坡（Colombo）的公車，問了一個又一個人後，才知道往內貢博（Negombo）的公車只從另一個車站開出，而該站與機場有一段距離。

好！走路去！出發時還雄心壯志，但我們畢竟不是刻苦型的背包客，不太會為了省錢而虐待自己，於是僅有的堅持在高溫中逐漸蒸發，最後被一名三輪車（Tuk Tuk）司機說動了，把沉重的背包丟到車上，再舒舒服服地坐進小巧的車廂中，感受坐三輪車獨有的刺激——在車群中快速地穿來插去。

三輪車是斯里蘭卡最常見的交通工具，數量之多，可謂無處不在，車身的鮮艷顏色進一步加強了它們的存在感，使馬路上總是七彩繽紛的，相當符合當地給人的印象——充滿活力。

當然這種三輪車並非斯里蘭卡獨有，在印度還有很多東南亞國家也是主要的交通工具。原因不外乎是營運成本低，使得車費也低，亦因為南亞及東南亞國家的交通狀況總是一片混亂，馬路上總是險象環生，小巧的車身方便司機「在夾縫中求生存」，並以最快的速度到達目的地。

不過相比起其他國家的三輪車，我總覺得斯里蘭卡的特別小巧可愛，當地司機坐進去後，整個畫面看起來相當詼諧。有趣的是，我們在斯里蘭卡待了一個月，卻幾乎沒有看過女司機，唯一的例外是一名民宿老闆娘，開的還是自己的三輪車。在路上會遇到的司機則是清一色的男性，而他們往往相當熱情，一看到外國人就直喊：「Hello! Hello!

Tuk Tuk?」，要是看到我們這樣的華人臉孔，則不管對方來自何方，一律以「你好！你好！」相迎，還會窮追不捨，但開出的價格就不太「友善」了。幸好很快就有當地人教我們以一公里五十盧比（LKR）為標準，去衡量車費是否合理。

後來，我們還在斯里蘭卡發現了三輪車的另一用途——賣麵包。其實是司機把乘客座改成麵包展示架，使途人透過玻璃就可以看到所有麵包款式，一目了然，相當有創意。我們一看到就像是初出城市的鄉巴佬，圍著車一直拍照，但同時也不禁想，或許有時候創意是源於資源匱乏，為了更有效地運用有限的資源，只能盡量為現有的事物發明新用途。就像以前在緬甸旅行時，到過一個只在清早出現的菜市場，裡面的「攤檔」竟然大部分都是三輪車，「攤販」把菜分裝到一個個小塑膠袋中，掛在車上，任途人選購。

如果說機場是迎接遊客的門戶，是一個國家給外人的第一印象，那麼「第二印象」就必然是從機場到第一個目的地的路程了。

一如以往的旅行，坐在三輪車中的我仍處於出發的興奮當中，目不轉睛地看著外面，在腦中慢慢建立對這個國家的印象。飛快的車速使我們提心吊膽，幾度覺得快撞上其他車了，同時卻又覺得很刺激。至少我們不再是冷氣車上幾十名乘客之一，走在規劃完善但沉悶單調的公路上，而是身處異國，面對充滿未知數的前路。我忍不住對凱琪說：「終於開始有旅行的感覺了！」

可惜，我們的目的地內貢博實在讓人提不起勁。

這個離機場最近的城市擁有大片沙灘，更有斯里蘭卡少見的青年旅館，只是我們抵達的時候是九月初，受到西南季風影響，正值斯里蘭卡西部、南部及山區的雨季，天色變得陰沉不定，大海也是灰濛濛一片。少了最主要的賣點，少了旺季的熱鬧，更顯得大街上的遊客餐廳和紀念品商店毫無特色。逛了一圈後，我們就達成了一個結論：「只待一晚是對的。」

我想幾年前的內貢博應該還是個有魅力的小鎮，試想這裡交通方便又有海灘，市區能提供一切生活所需，還有荷蘭人留下來的建築和運河，也是斯里蘭卡少數以天主教為主的社區。但這些優勢吸引來大量遊客，帶動了當地的發展，以致越來越多遊客餐廳、洗衣店、旅行社、紀念品商店、各式旅館甚至度假村出現，免不了造成汙染，同時店主和司機為了做生意而無所不用其極，就像近年購買力很強的中國遊客越來越多，使他們一看到我們這樣的東方臉孔就開始死纏爛打，這些都不是能吸引遊客的地方。結果追求新鮮感的遊客就去發掘更人跡罕至的新景區，久而久之又有一個商業化的旅遊區誕生。

第二天早上，我們再次坐上三輪車，但這次的目的地是火車站。

走進外表樸素的內貢博火車站，第一件事當然是買車票，一張九十盧比，便宜得驚人。這是我們初次乘坐斯里蘭卡的火車，忍不住拿出相機東拍西拍，同樣好奇的當地人則毫不掩飾地看著我們拍照。

月台上瀰漫著濃濃的生活氣息，婆婆媽媽三五成群地聚在一起聊天，扛著幾袋貨物的大叔則獨自站在月台邊緣等車，還有不同國籍的背包客散布在月台各處，不過當南下首都可倫坡的火車一走，月台上的遊客只剩下我們跟一群法國女生。

從內貢博到普塔勒姆（Puttalam），相距僅一百公里，坐火車卻要花三小時，加上沿途沒有特別的風景，使這條火車路線甚少出現在遊客的行程之中。他們多半會選擇從康提（Kandy）到埃拉（Ella）這段因風景優美而聞名的火車路線，使當

地的火車票供不應求。

不過可能是因為一切充滿新鮮感，我們倒是自得其樂，興奮地跟著當地人跳下鐵軌，直接爬上去停在第二道鐵軌的火車。車上只有鋪著膠墊的木製座位，座位旁是要非常用力才能推開的鐵窗，彷彿在宣告這不是為遊客而設的交通工具。

現代火車以柔和的外觀設計為發展方向，務求為乘客提供寧靜而穩定的旅程。舊式柴油火車則相反，總是用強烈對比的顏色向乘客宣示它的到來，行進中的火車搖搖晃晃，不停發出「轟隆……轟隆……」聲響，噴出的廢氣有時還會飄進車廂，坐在裡面談不上舒適，但絕對有趣。看著褪色的綠色牆壁，感覺就像回到幾十年前，在城裡打工的女兒帶著大包小包回鄉探親。

至於我們，只是兩名好奇的外國遊客。由於膚色比當地人稍白，他們總是一眼就看出我們並非本地人。因此，每當我們坐的火車與別的火車交錯而過時，尤其

是在這個遊客稀少的地方，除了接收到不少好奇的目光，也幾乎一定會有人跟我們揮手。

有一次，對向火車上有一名可愛的小朋友，頂著一頭捲曲短髮，正瞪大黑白分明的眼睛看著我們，害我們忍不住跟他互動，用各種方法逗他笑。這種與陌生人的短暫相會經常在旅行中出現，有時候只是名符其實的「一面」之緣，有時候是為了湊團去完成一件事，而被逼要跟初次見面的陌生人相處好幾天。此時就會覺得人與人之間的緣分很奇妙，要不是我們都剛好在同一個時間來到同一個地方，做同一件事，否則少了這麼多的巧合，住在完全不同世界的人大概永遠不可能見面，甚至認識彼此。

坐在顛簸的火車上，熱得昏昏沉沉，看著窗外一成不變的風景，也許唯一的娛樂就是胡思亂想。幸好我和凱琪總有說不完的話題，為了保持清醒，我們胡亂聊著，三小時也就不知不覺地過去了。不過舟車勞頓的一天尚未結束，我們再次背起沉重的背包，回到豔陽之下，開始尋找公車站。

途中，我們遇上一名奇怪的男人，主動來問有沒有什麼需要幫忙，本來還天真地以為他真的想幫我們，但聊著聊著卻發現不對勁，因為他很快就把話題帶到斯里蘭卡有多危險，兩個女生旅行有多危險。這才懂了，原來他是想要我們請他當導遊。

當然，在得知他的目的後，我們二話不說就婉拒了他，心想：「跟你去旅行才最危險吧！」但心裡還是覺得毛毛的。可能是因為旅遊指南和網上資訊看多了，感覺斯里蘭卡不算是安全的旅行地點，尤其對於女生而言，當時我們正向著神祕的北方前進，一出發就聽到這樣的警告，總不是個好兆頭。

來到公車站，又是一陣團團轉。完全不會當地語言的我們，堅持要坐公共交通，只能依賴當地人的幫助。幸好斯里蘭卡人大多熱情好客，我們只需把目的地寫在紙上，尋找附近面相友善的人，再把紙拿給他看，自然就會有幾個人圍過來，七嘴八舌一番。就這樣，我們順利坐上離開城市的公車。

車一開，我立刻依照約定打給當晚住宿

的老闆 Sereno，沒想到在嘈雜的車聲中，隱約聽到他說我們坐錯車了，不是吧！車都開了！只好問問他有沒有什麼補救方法，但他只叫我把電話給售票員聽。

跟很多亞洲國家一樣，斯里蘭卡的公車上，除了有負責駕駛的司機，還有一名站在車門邊的售票員。這位售票員通常是年輕人，負責沿途吆喝乘客上車，但不管在多麼忙亂的時候，他總記得誰上了車，誰又還沒付錢，每次在乘客安頓好之後，就會逐一收錢。因此，Sereno 叫我找售票員，意味著我要從車尾走到車頭，打斷售票員的工作，把電話塞給他。

沒想到售票員對我奇怪的舉動表現出習以為常的樣子，他俐落地接過電話，用斯里蘭卡語說了一會，就把電話還給我了。

「我已經跟售票員講好了，你們等一下在 Bundaranayakapura 學校下車。」Sereno 的聲音從電話中傳來。這家學校大概就是民宿網站上所說的交叉路口，由於我們坐的不是往 Eluwankulama 的直達車，他要我們在車轉往 Karativu 前下車，方便他們來接。

「什麼？」我被那一串音節弄得一頭霧水。

「Bun-da-ra-na-ya-ka-pu-ra」Sereno 耐心地重覆一次。

「好的，待會見！」其實我完全不記得，但想說售票員知道就好了，如果他記得這回事。

沒想到就在我講電話的同時，沿途上車的乘客已經擠滿整個車廂了，此時售票員為了塞進更多的人，開始整理座位，花了很多時間喬位置，結果我們各自要抱著

一大一小的背包坐，旁邊還貼著一個陌生的男人，對於我們這些習慣與人保持距離的城市人來說，有說不出的難受。但看看旁邊，凱琪也快被沉重的背包壓死，前方站著的乘客甚至快被夾成肉醬，只能閉口不言，心中默唸：「賺錢也不用這樣吧！」

最後還是Sereno救了我們，他大概是猜到我們記不住複雜的音節，直接用簡訊把地名傳給我們。於是我把簡訊給附近的乘客看，他們很熱心地表示知道在哪，還在快到時為我們「倒數」：「還有十分鐘就到了！」「現在還有五分鐘！」十分可愛。

看到民宿老闆娘Kumari的身影出現在窗前時，我們真的很感動，因為終於可以離開恐怖公車了！

後來，我們發現這樣的情況是在斯里蘭卡旅行的常態。由於當地的路況不佳，從一個城市移動到另一個城市往往需要幾小時的車程，而因為當地人跟我們一樣依賴公共交通，公車上總是人滿為患。但我們又不想改變盡量以公共交通移動的原則，只好發展出一套「公車哲學」，讓自己坐得舒服一些，例如要盡早抵達車站，先問司機可否把大背包放在他座位旁邊的空位上，然後選擇旁邊有可開窗戶的二人座。這樣我們就起碼不用跟陌生人坐，空氣太悶熱的時候也能開窗。

不過，斯里蘭卡的公路總是塵土飛揚，連吸幾小時的廢氣也不是什麼賞心樂事，更別說還有毒辣的陽光來湊熱鬧。有時候坐在窗邊久了，感覺自己已經變成臉部麻痺、滿臉汙垢、頭髮糾結在一起的流浪漢。此時我們唯一能做的就是拿一塊薄薄的圍巾披著自己，防晒、擋風兼遮醜，同時大喊一句：

「在斯里蘭卡坐車根本就是一場修行啊！」

二　與當地人一同生活

平整的公路一路延伸至 Eluwankulama，在國家公園前停下。但在那之前，三輪車已經駛上旁邊凹凸不平的泥路，繼續往我們的目的地前進。

穿梭在棕櫚樹和椰子樹之間，目之所及，不是綠色的樹就是褐色的土，不禁懷疑在這一片荒野之中是否真有住宿。此時，身旁的民宿老闆娘 Kumari 指指前方，示意我們快到了。果然面前有一道已打開的生鏽鐵門，不說還以為來到一個廢棄多年的古老莊園。

穿過形同虛設的大門後，我們經過一間小屋，來到一個庭園。Kumari 邀我們坐下，她去準備食物，好奇的我們則開始左顧右盼。眼前的餐桌上躺著一隻貓，正慵懶地打著呵欠，狗狗則躺在自己挖的洞中乘涼，樹與樹之間繫著吊床，氣氛悠閒，我們的心情也不自覺地放鬆起來，正商量著什麼時候要去試躺一下吊床。

就在此時，民宿老闆 Sereno 出現了。

他看起來就是典型的斯里蘭卡人，黝黑的膚色，頂著一個大肚子，臉上掛著熱情的笑容，與同樣有著健康膚色且身型高大的 Kumari 十分相襯。

記得出發前跟他通電郵，他首次回覆我們就以「Basic」和「Rustic」來形容自己的民宿，還叫我們不要抱太大期望，立刻就勾起了我們的好奇心。確認訂房後，他一股腦地傳了好幾封電郵給我們，原來都是以前的住客在離開斯里蘭卡後傳給他的旅行心得，下款之下還附一句「From a smart Android phone by a not very smart person」，從字裡行間就可感受到他是一個熱情而幽默的人。

看來我們的直覺是對的，在短短的一頓飯中，他就滔滔不絕地給了我們很多資訊，像是擺在我們面前的麵包，原來也是當地人的主食。這是葡萄牙人在殖民時期遺留下來的習慣，在其他亞洲國家不常見。

至於他自己，則曾在美國生活多年，現在回到家鄉開設民宿，難怪說得一口流利的美式英語。

飯後，Sereno 提出要帶我們散步，一路上向我們灌輸各種動植物知識，不知不覺就走到一座穆斯林村莊。他說，由於村莊位於內戰期間的邊界，在旅遊業如此發達的今天，人們仍對外國人感到好奇，華人對他們來說尤其新奇。難怪我們每次經過一間房子，就有一群小朋友衝出來看我們，害羞地回應我們打的招呼，然後笑著跑走。

在我們的印象中，斯里蘭卡是一個佛教國家，好像不太能跟穆斯林扯上關係。實際上，根據當地政府在二〇一一年進行的人口普查，確實有大約七成的斯里蘭卡人是佛教徒，分布在全國各地，但也有接近一成的人是穆斯林，人口約一百八十萬，主要居住在東部海岸及西部普塔勒姆（Puttalam）一帶，剛好就是我們身處的 Eluwankulama 附近。

其實早在公元八世紀，就有阿拉伯商人為了香料、寶石、珍珠等物產的貿易而來到斯里蘭卡，同時把伊斯蘭教帶進這個佛教國家。他們的後代被稱為摩爾人（Moors）——如今斯里蘭卡的第三大民族，也就是當地的穆斯林。摩爾人主要定居在沿海地區，除了商人，多從事漁業和農業。他們多半已無阿拉伯人的外貌特徵，但仍然信奉伊斯蘭教，並實行伊斯蘭教法。

按照我們的計畫，待在 Eluwankulama 的第二天，將會在維勒巴圖國家公園（Wilpattu National Park）度過，這也是大部分遊客來此地的原因。但當 Sereno 提及第二天的安排，興致勃勃地說他有一名船夫朋友，可以載我們到附近 Uppu Aru River 上遊玩，我們就深知不妙了。果然，一問他國家公園的安排，他就驚訝地瞪大雙眼說：「啊！原來你們要去國家公園？」

其實也沒關係，反正這家民宿已經是我們訂的最後一家斯里蘭卡住宿，沒有時間的壓力，多留一晚也無妨，倒是 Sereno 滿臉歉疚，不但立即幫我們安排後天到國家公園的行程，還說我們最後一天的住宿不用錢。耶！賺了一晚！

在多出來的一天，我們本來是打算休息一下，躺在吊床上做做白日夢。但大概是表現得太懶散，我們很快就被一大清早就起床的 Kumari 叫下來，她邀我們到廚

房，學做斯里蘭卡菜。

說來慚愧，我們這兩個老大不小的女生甚少出入廚房，只有在必須靠自己填飽肚子時才會煮個麵，可以說是完全不會做菜。相信Kumari和煮菜阿姨很快就發現了這一點，因為我們切菜既慢又醜，唯一的作用就是被笑，娛樂大家。通常最後是她們接手切，用乾脆俐落的刀工快速完成任務，一眨眼間食材就被切成整齊的細絲。說到切菜，我們發現煮斯里蘭卡菜的大部分時間是在備料，他們喜歡把食材切碎，再放在一起炒或煮，每道菜都可以說是手工菜。而備料時間在Kumari的家特別長，因為大部分是就地取材，例如自家雞下的蛋和自己種的椰子。

斯里蘭卡作為世界第四大產椰國，這裡的女人很擅長以椰子入菜。單是進廚房幫個忙，我們就見識到簡單一個椰子的多種用途。

第一步當然是拿一把長長的刀把樹上的椰子割下來，而判斷椰子是否成熟全憑眼力，拿到手後搖一搖，確定是一顆好椰子後把殼剁掉，然後帶進廚房。

Kumari 一刀就把椰青剖開，裡面的椰子水順勢流到杯子中，成了我們口中最新鮮的椰子汁。然後她示範用自製的工具把椰子肉刮出成椰絲，厚厚一層椰子肉很快就不見了，只剩下咖啡色的殼。這步驟看起來容易，但輪到我們的時候才發現是需要技巧的，我們就沒辦法像她刮得這麼乾淨。接著她用手拿起一把椰絲，用力一擠，椰奶隨之流出。這是我唯一及格的一關，Kumari 看到我的手勁就喊道：「斯里蘭卡人！」

煮斯里蘭卡菜的最後一步通常是加入大量香料以及一大匙一大匙的辣椒粉，因此煮出來的菜總是黃黃紅紅的，看起來非常下飯。我們的午餐亦是如此，有烤魚、達爾豆（Dhal）咖哩、魚咖哩和燉蘿蔔，賣相很吸引人，味道更是一流，一起筷就停不下來。

我們還嘗到了木蘋果，果然是長得像蘋果，卻硬得像木頭的奇怪水果，一打開就散發著腐爛氣息。軟爛果肉聞起來很甜，鼓起勇氣吃下去後才發現是酸的，而且是非常酸，要加大量砂糖才能入口。老實說味道不錯，加了糖後有點像山楂，很有趣，只是口感不太討喜。

飯後跟約好的船夫碰面，一起到海軍訓練中心附近上船。Sereno 建議我們坐在船頭的小甲板上，沒想到船一開，速度快得像水上摩托車，坐不穩真的會掉進河中。我們忍不住尖叫了一下，Sereno 竟毫不客氣地哈哈大笑。定下神來後看看四周，眼前是無止盡似的寬闊河流，河兩旁是濃密的植被，暖而濕潤的風吹來，感覺就像回到了亞馬遜森林。

很快我們就來到了第一站，我期待已久的猴麵包樹（Baobab Tree）。

以前讀地理時，看到這又稱「倒栽樹」的奇怪樹種，細而密集的樹枝看起來比較像樹根，長在腫脹的樹幹上，上面長滿皺摺和疙瘩，醜得可愛。我們興奮地圍著它拍照，遠遠看到坐在船上的Sereno猛比手勢，叫我們爬到樹上，他要幫我們拍照。我看看頭頂的樹杈，二話不說就開始往上爬，樹下的凱琪目瞪口呆地看著我說：「你是猴子啊！怎麼會爬樹？」好吧，我確實屬猴。

接下來船駛出海灣，我們從遠處就看到水中有個小沙丘，Sereno跟我們解釋那是潟湖，中間那是泥沙沉積而成的沙洲，因此附近的水都很淺。

「所以，我們就在這裡下水

吧！」他突然提議，嚇了我們一跳。回想起昨天散步至河邊時，他說要帶到我們到河中游泳，我們還以為他只是說說而已，沒想到他是認真的。看看身上穿的衣服，絕對不是適合游泳的衣著，甚至連泳衣都沒穿！但也許是Sereno的熱情會傳染，我們只猶豫了一下下，就跟著他一起跳下水了。

鹹鹹的浪一波一波蓋過來，我們在水中假裝游泳，其實腳一直踩得到底。玩累了，就靜靜地泡在水中，享受難得的寧靜，彷彿天地間只剩下我們三個。我不禁回想起第一次潛水後的情景，也是三個人，漂浮在萬里無人的海面上。對城市人來說，這種被大自然包圍的感覺真的很奢侈。

看著天色漸暗，我們才終於肯離開，跟著Sereno勉力爬回船上。身上的衣服因濕透而變得沉

重，心情倒是變輕鬆了，有一種把包袱拋去的快感。

這也許就是我沉迷旅行的原因。在華人社會長大，常覺得我們的生活太壓抑了，連穿件衣服都在意別人的目光，做每一個決定都要思前想後，彷彿這樣才叫深思熟慮，才是對的。可偏偏我就不是這樣的人，遇到感興趣的事，我就想立刻去做，不做又怎麼知道結果如何呢？我從來都不明白，既然每個人都是獨一無二的，為什麼我們要活在同樣的社會常規之下。但只有在旅行的時候，我才可以真的想做什麼就做什麼，不管做多麼瘋狂的舉動，或是穿著奇裝異服走在街上，好像都變得理所當然。

回到民宿，我們的船上多了一箱野生牡蠣，來自回程中經過的一片海域，一大箱才五百盧比。付了三千盧比給船夫之後，我們喝了Kumari貼心準備的薑茶，痛痛快快地洗了個澡，一出來就看見他們已經在煮牡蠣了。

我們把青檸汁淋在煮好的牡蠣肉上，準備享用牡蠣大餐時，卻發現身旁的Kumari一顆也沒吃，問她原因，她只皺著鼻子搖搖頭。Sereno接著解釋，原來是因為斯里蘭卡人早期主要生活在中央山區，只有窮人才住在海邊，因此一般人都不太愛吃海鮮，尤其是像牡蠣這種看起來很可疑的海鮮，而他是因為在美國住過，所以比較習慣。這令我們有點驚訝，一直理所當然地認為住在海島的人自然常吃海鮮，原來並不盡然，難怪斯里蘭卡的海鮮不太有名，也難怪我們那一箱牡蠣這麼便宜了。

連續三天晚上，我們就這樣在星空下邊聊邊吃。Kumari煮的菜總是令我們驚艷，還沒離開就開始想念她的手藝了，Sereno也為我們之後的旅程提供了不少幫助。或許是因為在那裡的日子只有我們兩名住客，與兩位民宿主人之間，比起一般老闆跟客人的關係還更像朋友。

與他們一起被雞啼叫醒，吃著同樣的早、午、晚餐，住在同一片樹林之中，如果說旅行就是為了體驗別人的生活，得到前所未有的經驗，那麼住在他們家的三天，絕對是我們斯里蘭卡之旅最完美的開始。

三　野生動物的家

早上六點，我們睡眼惺忪地走出房間，民宿主人 Sereno 和 Kumari 已坐在餐桌前等我們了。他們大概是猜到我們這些城市人不習慣太早吃早餐，因此只給了我們一人一杯濃濃的斯里蘭卡紅茶。喝了幾口，居然想吐，是因為前一天晚上吃了太多牡蠣嗎？還沒來得及思考原因，我們就已經忍不住吐了。

腸胃不適和傷風感冒可謂最常見的旅行病症，經驗多了，大概也了解自己身體的弱點，像我是很容易胃痛的人，自從在旅途中發作過之後，以後出門都胃藥不離身。這次預料離家三個月，自然也隨身攜帶各式各樣的藥，包括一瓶順道買的草本腸胃藥，比西藥溫和，此時就剛好派上用場了。

幸好這次只是一時不適，吐完就沒事了。我們跟 Sereno 說可以照常出發，他就給了我們一片生薑，叫我們邊坐車邊咬，說是對腸胃好，然後向我們介紹今天的司機。

司機是一名年僅二十二歲的年輕小伙子，出乎我們意料之外，更令人驚訝的是，他居然在意大利住過很多年。話不多的他只向我們打了招呼，就帶我們走到吉普車前。那是一輛九人座的車，但乘客只有我們兩個。沒辦法，由於我們是當時民宿的唯一住客，沒有別人可分擔費用，又不想放棄參觀國家公園，只好花九千盧比包車。但想到司機要駕十二小時的車，就覺得這個價錢一點也不貴，反而是政府收的入場費、服務費、車子進園費和稅加起來要七千盧比，還比較不划算。

到斯里蘭卡旅行，怎能不看野生動物呢？當初抱著這樣的想法，我在安排行程時第一件事就是研究國家公園列表，在二十二個政府認可的國家公園中逐一篩選，認真思考著該選哪一個。

雅拉國家公園（Yala National Park）？看台灣旅遊節目介紹過，以錫蘭豹聞名，位於南部，交通方便，但太有名了，遊客肯定很多，而且我們去的時候剛好是南部地區的雨季，也意味著天氣不會好。

烏達瓦拉維國家公園（Udawalawe National Park）？外國旅遊指南大力推介，園內有不少大型的哺乳類動物，包括為數不少的大象，可惜它的住宿點 Embilipitiya 與辛哈拉賈熱帶雨林（Sinharaja Rainforest）的住宿點代尼耶耶（Deniyaya）同樣位於從山區往南部海邊的路上，卻是不同的路，我們大概要二選一。

米內瑞亞國家公園（Minneriya National Park）？聽說八到九月有個被稱為集合點（The Gathering）的現象，兩百多頭大象會聚集於這個國家公園內，差不多就是我們去斯里蘭卡的時候，住宿點哈巴拉娜（Habarana）位於古城區，也算順路，可惜一直沒找到具吸引力的住宿。

最後我的視線落在維勒巴圖國家公園上，面積十三萬一千六百六十七平方公里，是全國最大且歷史最悠久的國家公園，聽起來不錯，那為什麼以前從未聽說過這個國家公園呢？原來是因為這個位於西北部的國家公園正好座落在內戰時期的邊境，整整關閉了十六年，以致在二〇〇三年重開之後，至今仍不為大部分遊客所知，附近的住宿數目也遠比其他國家公園少。遊客稀少？這正是我們想要的，起碼不會看到十幾輛吉普車追逐斯里蘭卡豹的可悲畫面。就這樣，這個國家公園就被列入行程中，成了我們斯里蘭卡之旅的第一個景點。

經過簡陋的登記處後，我們正式進入國家公園範圍。

坐在吉普車上，在凹凸不平的泥路上顛簸前進，頓時有一種身為探險家的錯覺。我們的車有時駛過水窪，水花四濺，有時穿過開闊的草原，感覺像到了非洲，有時卻會鑽進樹林，尋找常有動物出沒的水塘，那些林間小路窄到我們幾度被樹枝打臉。在興奮的驅使下，腸胃竟瞬間好了，我們很有默契地一人坐一邊，全神貫注地留意動物出沒的蹤跡。

當然我們的眼力遠不及經驗豐富的司機，他叫我們在看到動物時輕拍他的車廂後窗，但其實很多時候是他看到動物而把車停下。有些甚至是正常人無法用肉眼看到的動物，例如在地上爬行還有保護色的蛇，他卻能邊操控吉普車邊看到牠出沒。

其實維勒巴圖國家公園藏有很多大型的哺乳類動物，甚至有斯里蘭卡聞名於世的斯里蘭卡豹，但真的只是藏著而已，聰明的動物都懂得如何避開人類，尤其是吉普車這種大型目標。因此，我們也沒有期望到國家公園旅行會像在動物園一樣不停看到大型動物。Sereno 跟我們說，他曾經有位客人白坐了十二小時後，完全沒有看到任何野生動物，但那就是牠們真實的生活環境。

幸好我們比那個什麼都看不到的人幸運得多，一路上不時遇到四處亂跑的原雞、漂亮的孔雀和各種鳥類，偶爾還會看到野豬、水牛和猴子，但我們更喜歡被稱為「Land Monitor」的巨蜥。牠們用布滿鱗片的身軀大搖大擺地在草地上快速爬行，不時吐出尖而長的舌頭，像猴麵包樹一樣醜得可愛。

但隨著時間過去，看到動物的興奮漸漸減退，我們也不如最初專注。就在此時，司機突然把車停下，看來是看到什麼了！

我們趕緊往兩邊看，原來就在不遠處的林子中，有一群鹿！我忍不住尖叫了一下，立刻被凱琪警告我小聲一點，然後我們手忙腳亂地掏出相機拍照，該死！在樹木的遮蔽下，居然一直無法對焦！只好把悻悻然地把相機放下，剛好其中幾隻鹿在看著我們，只隔著一個草叢，不動也不逃跑，我們也就這樣靜靜地與牠們對看。對啊！為什麼一定要忙著拍照呢，在科技的「訓練」下，我們都忘了其實當下眼睛所見的才是最真實的。

經過那次之後，我們的「動物雷達」好像被打開了，幾次在林子甚至路上看到可愛的鹿群。有角的，沒角的，大的，小的，有斑的，沒斑的，各個品種都出現過。一直到中午過後，天突然下起一場大雨，司機連忙把車四周的防水布都放下來，但我們也就什麼都看不到了，只能移到車中央避雨。因為沒事做，只好吃一下真的很乾的乾糧，胡亂

聊天。在雨聲的陪伴下，吉普車的顛簸成了搖籃曲，我們幾度睡著了，直到雨停了才醒過來。

雨後天色依然陰沉，司機繞了無數次同樣的路，卻一無所獲，動物好像全躲起來了。唯一的例外是一隻在湖中游泳的大象，正在享受獨占整個湖的感覺，有時候懶洋洋地游一下，有時候只是泡在水中，用長長的象鼻噴水。我們與另外幾輛吉普車先後發現了牠，一同停在湖邊遠遠觀看，但彷彿也能感受到牠自由自在的快樂。

牠是一頭錫蘭象，一種主要生長在斯里蘭卡的亞種象，但體型比其他品種的亞種象都龐大，公的可以長到二點七公尺，母的則可以長到二點四公尺，平均重達三噸，常見於草原及灌木叢。

事實上，錫蘭象可謂斯里蘭

卡最常見且最有代表性的大型動物。二〇一六年二月，斯里蘭卡總統就把一隻小象Nandi送給前來訪問的紐西蘭總理，惹來一些動物保護團體的不滿。但其實一直以來，斯里蘭卡政府都有贈送大象給別國的習慣，包括中國、日本、南韓、捷克及美國。

大象在斯里蘭卡的重要性源於文化上的重要地位，牠甚至被當地人視作神明。矛盾的是，由於象牙有宗教上的用途，經濟價值也很高，錫蘭象曾被大量捕殺，直到二〇〇九年，政府才頒布法例禁止獵殺大象，但即便如此，絕大部分現存的大象都已經失去了象牙。

根據一家非營利保育組織Sri Lanka Wildlife Conservation Society（SLWCS）的數據，一百年前，斯里蘭卡約有超過兩萬隻野生亞種象，現在卻只剩下四千隻左右，被列為瀕臨絕種動物。另一個組織 Elephant Voices 亦指出，除了象牙的誘因，「捲入衝突」、「被捕捉及出售」也是導致大象數目大幅下降的原因。

所謂衝突，最具殺傷力的是人與大象的之間的衝突，這也被世界自然基金會列為目前對錫蘭象生存最大的威脅。一方面，隨著人口增長，人們的生活區域從城市往外擴展，為了農業、伐木業或其他人類活動的發展，樹林逐漸消失，一下子拉近了野生動物與我們之間的距離。而這個共同生活的狀態並非好事，反而會導致許多衝突出現，SLWCS 就指出，每年有五十到八十個人，和一百五十到兩百頭大象因此而死亡。

當然，對於一個以大自然聞名的國家來說，大象的保育問題只不過是其中的冰山一角。

野生動物無疑是斯里蘭卡最重要的資源之一，在這個小小的島國，有著全世界最大的亞州象、最大的爬行類動物——灣鱷、最大的龜類動物——革龜，還有地球上現存體型最大的動物——藍鯨，還有約兩百五十種島類，政府自然視之為賣點，大力推廣，許多的國家公園及保護區因此而出現，但這些很大程度上因旅遊業而生的保育政策真的有效嗎？

有人說，保護國家公園的條例沒有足夠的嚇阻力，未能真正杜絕問題，也有人說，旅遊業所帶來的汙染對野生動物的傷害也不少。但換個角度想，如非因為旅遊業，如此大片的國家公園土地便無法完全被保留下來，甚至會被改變成其他對自然環境傷害更大的土地用途，不是嗎？

四　到了印度的錯覺

不知道是第幾次聽到引擎發動的聲音了，這次司機還是死心不息地再次發動引擎，彷彿是在說服自己沒事發生，但所有乘客都知道，公車再次陷入泥沼了！

在經過十幾次同樣的情況後，大家好像都感到麻木了，男人自動自發地下車推車，女人則互看一眼，向我們聳聳肩，無奈地笑笑，彷彿在說：「哈哈，又來了，真的拿天氣沒辦法！」使我們不禁佩服他們的耐心。

在離開 Eluwankulama 的那天，我們打算穿越維勒巴圖國家公園北上，到馬納爾（Mannar）換乘公車，到位於斯里蘭卡最北端的賈夫納（Jaffna），但早上的一場雨使國家公園內的泥路變成泥濘，車一駛過水窪，濺起的泥水跟車一樣高。本來還覺得有點刺激，但現在看著深深陷進水窪中的車輪，門邊的階梯都被泥水淹沒了，當車子一發動，只見泥水進進出出，車輪卻完全沒有露面的意思，我們的耐心也逐漸被消耗光。

可能是因為在香港長大，而香港是我見過最追求效率的地方，甚至已經到了偏執的地步，即使沒有在趕時間，我們也受不了別人走慢一點、電梯的門關慢一點、交通延誤一點。這大概是城市人的通病，我們拼命地省時間，這彷彿已深深植入我們腦中，不知不覺成了我們的行事標準，但我們有把那些省下來的時間拿去做什麼有意義的事嗎？又會不會有時候樂趣和意義可以是來自那些沒有效率的事呢？

當這些思緒在腦海中奔馳時，凱琪跟我說她忍不住了，她要上廁所。於是我們鼓起勇氣走到車門邊，看著面前的泥濘，嘆了口氣，默默地把拖鞋脫掉，赤腳踩進軟爛的泥中。

咦，其實也沒有想像中的糟。

既然已經弄髒，我們乾脆深深地把腳踩進泥中，一邊大聲談笑，心智年齡彷彿一下子倒退了二十歲。一直走到一個四下無人的地方，凱琪深入草叢中上廁所，我則負責把風。與此同時，其他當地人也把握時間苦中作樂，不知從哪裡採來一大把果子，我們回到車上後就收到幾顆。卻之不恭，嘗了一口，居然澀得要命！我們吃得一臉痛苦，卻逗得旁邊的人哈哈大笑。

在男士們的努力下，公車終於脫困了！我們跟著其他當地人一同歡呼，然後緊張地盯著巴士前方，祈禱它不要再陷進泥沼。一些乘客乾脆站在司機旁邊，七嘴八舌地出主意。

不知道是他們的監督有效，還是我們的祈禱奏效了，車有驚無險地駛過最後一段泥濘路，踏上實實在在的柏油公路了！

馬納爾是位於保克海峽及馬納爾灣之間的狹長島嶼，離印度僅三十公里左右，因此它在歷史上一直是難民往返印度的主要門戶，占有非常重要的地位。但本來我們沒打算在此停留，只是現在車程拖長了五六小時，累得要命的我們只有一個想法——不要再坐車了！

走到離車站最近的旅館，放下行李後請老闆推薦一家餐廳，然後我們按圖索驥來到一家店，上面卻寫著「Hotel」，不是飯店的意思嗎？走進去一看，滿地衛生紙，蒼蠅飛來飛去，圍坐在桌子旁的幾乎全是士兵，正同時看向明顯是外國人的我們。從車程到餐廳，彷彿不約而同地告訴我們已經踏出旅遊區之外。

第二天早上，我們再次坐上公車。既然馬納爾已位於海邊，就沒有必要回到遊客常用的A9公路，可以直接沿海邊進入帶點神祕色彩的賈夫納。

這個位處國家最北端的城市，近年來努力地擺脫戰爭的陰影，但從二〇〇九年內戰結束至今，很多人對賈夫納的印象仍停留在「泰米爾之虎」——內戰時期代表泰米爾激進分子的反政府組織。對於要前往這個背負著沉重歷史的城市，我們是既期待又有點擔心。一方面想知道現在的情況，也想體驗與斯里蘭卡其他地區截然不同的文化。另一方面，旅遊資訊的缺乏為這個地區蒙上了一層神祕面紗，每次想到旅遊指南上的安全提示，我們就不由自主地提高了警覺。

A.S.SANGARAPPILLAI & BRO

公車駛過海上公路後，搶眼的大型廣告牌陸續出現，率先打破了我們對賈夫納的刻板印象。繼續往市中心走，令我們驚訝的事物接二連三地出現——商場、電影院、大型超級市場、支援銀聯的提款機，原來曾經飽受戰爭摧殘的賈夫納已蛻變成一個現代城市。

找到旅館後，一放下行李，我們就迫不及待要出去逛逛。這是我到任何地方都會做的事，沒有計畫，沒有目標，沒有預設的想法，只是漫無目的地亂逛，只為感受當地的氣氛。

賈夫納很熱，雖然在來之前已有心理準備，但在豔陽之下走久了，還是覺得自己快溶化。我們住的旅館外面就是馬路，路上除了無處不在的三輪車，還有看起來快破的殘舊巴士，正吃力地載著一車的人緩慢前進，不時還會有牛隊悠哉悠哉地橫過馬路。跟其他地區不同的是，賈夫納特別多自行車，原因可能是地勢平坦，另一個說法是原油價格曾經一度因內戰而變得非常昂貴，所以居民都習慣騎自行車。

往馬路兩旁看，店鋪的大門皆被漆上鮮豔的顏色，頂著感覺快倒閉的建築。門上通常掛著褪色的招牌，但色彩對比依然強烈，有一種恰到好處的復古感。越往市中心走，街上越熱鬧，直到看到一片醒目的黃

色，就知道來到市場了。

市場內有很多訂做紗麗的店，一貫鮮豔的色彩，配上眩目的金銀配件非常好看，但我們無法帶著一套厚重的紗麗上路，沒有當地人的樣子，穿起來也不好看，所以只能看看路上穿著漂亮紗麗的婦女。她們總是三五成群地出現，有時候是在市場中挑選布料，有時候是在印度風格的金飾店內議價，額頭上的紅點說明了她們印度教徒的身分。這些畫面使我們開始感到困惑，我們還是在斯里蘭卡嗎？還是在幾小時的車程中已被轉移到印度呢？

作為印度的近鄰，斯里蘭卡與印度的關係向來密切，其主要民族僧伽羅

人（Sinhalese）的祖先，正是來自北印度。後來，南印度曾經侵略斯里蘭卡，不少居於該地的泰米爾人（Tamils）因而移居到斯里蘭卡北部，當然也有為了謀生等原因而移民的。後來在十九世紀，英國人從南印度輸入大量泰米爾族勞工到斯里蘭卡，到咖啡園及茶園工作，他們的後代就在當地定居下來，從最初無國藉的身分，到後來成為斯里蘭卡的公民。這些人就是現今斯里蘭卡泰米爾人的祖先，現在泰米爾族已成了目前占全國人口百分之十二點六的第二大民族。

歷史因素使北部的文化有異於其他地區，其中最具代表性的是印度教。那既然來到斯里蘭卡的印度教中心，至少應該去一下印度教寺廟吧！我們上網一查，發現當地的甘達薩米神廟（Nallur Kandaswamy Kovil）是全國最大也最重要的印度教寺廟，剛好就在我們抵達賈夫

納之時，廟中正舉行一年一度長達二十五天的印度教節慶——Nallur Festival，太完美了！

比想像中盛大的節慶吸引了大量印度教徒，把神廟附近擠得水洩不通，甚至還出現一個大型的熱鬧市集。走進去，兩旁全是各式各樣的攤販，除了出售宗教用品，還有生活用品、玩具、食物、紗麗及衣服等，商品種類甚多，讓人目不暇給，但為免錯過據說五點開始的祈禱時間（Puja），我們只好逼自己繼續往前走。

遠遠就看到紅白相間的外牆，包圍著金光閃閃的主要寺廟，就連入口上方的門塔也是純金色的，雕著精緻的神像，每一層都留有方形小門，那是供天神進出的地方。

走到大門前，我們看到當地人先把鞋子脫掉，再取沙抹在額頭和脖子上，於是我們也照做。除此之外，男性還要把上衣脫掉才能進廟，女性就比較方便，只要衣服能遮住肩膀和膝蓋就可以了。

走進寺廟，一眼看去盡是男性肉體，因為非常多的信徒正擠在一座神像前，觀看在神像附近進行的印度教儀式。人潮的兩邊各有迴廊，皆有比真人還大的壁畫，配以金色為主的裝飾，非常華麗。其中一邊的迴廊包圍著水池，那邊的信徒全看向同一個角落，很快便吸引了我們的目光。

原來大家所看的是一座安放於角落神龕中的神像，於是我們順著人群的方向，也走到神像前坐下。每當聽到音樂的指示，大部分人就會高舉雙手合十。也許人的信念確實有能量，雖然我們不是印度教徒，也忍不住被神聖的氣氛影響，平常話很多的我們只是默默地坐著，感受著濃濃的宗教氣息。

天色漸暗，廟外的人潮卻不減反增，廣場上擠滿穿著各式各樣色彩鮮艷服飾的當地人，對於愛好攝影的人來說，每一個角落都是一張照片。我們的手當然也蠢蠢欲動，但本來還有點不好意思，直到發現當地人也拿出專業相機拍照，還有電視台的人在拍片，我們才開始肆無忌憚地大拍特拍。期間，居然有一名小妹妹來找我們合照，還有人拍

了我們的照片拿來給我們看，大概是因為當地人看到外國人的機會較少吧！

就在我們忘形拍照之時，天已經黑了，心裡知道不應該在天黑後逗留在外，但看著人潮開始聚集在廣場，神廟大門上的燈也亮了，看來是有事情要發生，所以我們還是忍不住留了下來。

果然，不一會廟門突然打開，一座巨型的室建陀（Kartikeya／Murugan／Skanda）神像出現，是印度教中的戰神，也是整個節慶的主角，遠看好像一尊會發光的神像，正緩緩向前移動，仔細一看，原來底下有人抬著。在一片漆黑中，圍繞神像的燈光成了最大的光源，使人的眼光忍不住隨其移動。信徒們跟著神像走，不時高舉雙手合十，我們也一樣，跟著巡迴了一圈，才終於捨得離開。

宗教是人類生活中重要的部分，對很多人來說甚至是生命的意義。當然大部分主流宗教都是導人向善的，但當宗教的力量被濫用，後果也可以很可怕。從一九八三年到二〇〇九年，斯里蘭卡就經歷了長達二十五年的內戰，而宗教正是這一場戰爭的遠因之一。

斯里蘭卡是一個十分重視宗教的國家，國民幾乎都有宗教信仰，這甚至成為了民族的象徵，像是當地的主要民族僧伽羅人大多信奉佛教，而主要居住在北方的泰米爾人則信印度教。受到地理及歷史因素影響，兩地的文化也大不相同，使斯里蘭卡北部與其他地區逐漸分道揚鑣。在歷史上，泰米爾人甚至曾在賈夫納地區建立過自己的國家。因此，後來不少泰米爾人仍堅信他們應該獨立，但政府沒有意思要給他們更大的自主權，反而在國家獨立後，開始制定以僧伽羅人利益為先的種族、語言和教育政策，使部分泰米爾人相信，以武力建國是唯一的解決方法，於是內戰一觸即發。

現在戰爭終於過去了，兩地差異反而成了旅遊賣點，遊客不遠千里前往北部體驗泰米爾文化。是啊！不同的宗教和文化豐富了斯里蘭卡，也豐富了我們的世界，它們本應是可以共存而非對立的，更不應成為戰爭的藉口。

五　世外島嶼

賈夫納是斯里蘭卡北部最大的城市，道路從這個中心點延伸出去，一直到離印度最近的海邊。往西北方向走，可以到達幾個相連的小島，其中離本島最遠的是代爾夫特島（Delft Island），就是我們今天的目的地。

Eluwankulama 民宿主人 Sereno 的推薦是我們來到這裡的主要原因。他說早上九點左右會有一艘船從 Kurikadduwan 碼頭開出，為了安全起見，我們五點四十五分就起床了，剛好趕上六點半開出的首班公車。

一到碼頭就看到不少軍人，我們問了其中一位，找到登記處。原來從這個碼頭開出的船多半由海軍營運，因此我們不用付錢，只要在登記處的遊客名冊上登記資料。名冊上有所有外國人乘船出海的紀錄，但大部分是去龍島（Nainativu）。那裡離斯里蘭卡大陸較近，島上有著名的佛教寺廟 Nagadeepa Rajamaha Vihara 和印度教寺廟 Nagapooshani Amman Kovil。前往代爾夫特島的外國遊客卻寥寥可數，至少不是每天都有。

前往代爾夫特島的航程約一小時，船一靠岸，我們就迫不及待要離開悶熱的船艙。踏上碼頭，眼前是湛藍的天空和帶點翠綠的海水，心情頓時好起來。隨便找個地方吃點東西，簡單的蔬菜薄餅卷和蛋捲，卻非常好吃。老闆說他有相熟的三輪車

司機，包車一天一千五百盧比，聽起來還合理，反正我們找不到租摩托車的地方，就包車吧！

包車的行程幾乎人人一樣，司機帶我們參觀了各種奇形怪狀的樹、據說會長大的石頭、清澈的海灘、不同的寺廟和遺址。其中一站叫做「野生馬群」，原來是一個有著五百隻野生馬的草原，據說現在全島有約一千隻，算是代爾夫特島的特色之一。我們停在橫過草原的公路上，下車一看，目之所及全是一望無際的草原，上面除了我們三人，就只有正在悠閒地吃草的馬群。

代爾夫特島是一個名符其實的小島，面積僅五十平方公里左右，二〇

一一年的人口還不到五千人，島上的經濟主要依賴漁業、農業和家庭式工業。但看看為數不少的寺廟和遺址，就可知道這個小島有著相當悠長的歷史，包括一些古老的印度教和佛教寺廟，最早可追溯到阿努拉德普勒時期。其餘的都是殖民時期的產物，像是荷蘭人的教堂、葡萄牙人的城堡和英國人的塔樓。

一開始發現代爾夫特島的是葡萄牙人，他們來到島上耕作並引入馬匹，但真正有系統地管治此島的是荷蘭人，連代爾夫特島這個名字也是取自一個荷蘭城鎮。在英國開始接管斯里蘭卡後，一名政府官員 Lt. Nolan 被派往代爾夫特島，本來是為了種植亞麻，供應帆布給政府，後來他多了一頂任務，就是繁殖由葡萄牙人和荷蘭人引入的馬匹，以及引入新品種的馬，難怪現在島上的馬特別多。

除了野生馬群，代爾夫特島還有另一個特色——珊瑚石，是島上常見的建築材料。當地建築的每面牆都由紋路不同的珊瑚石堆砌而成，每一顆都像人一樣有自己的獨特個性，不同的是我們在經過「風化」後漸漸被磨成光滑而一模一樣的石頭，這些珊瑚石卻仍然頑強地抵抗著保克海峽的海風，等待著成為照片中的主角。

從一個景點到另一個景點，我們坐的三輪車在原始的鄉間小路上奔馳，兩旁有數不盡的牛、羊、馬和椰子樹、棕櫚樹，正沐浴於熱帶島嶼的陽光之中。駛出沿海公路，藍得不像真的的大海就在我們身旁，彷佛觸手可及。此時，司機正在播放一首熱情輕快的當

地歌曲，可謂此情此景的最佳配樂，完全不懂當地語言的我們也忍不住跟著音樂大聲唱歌。

下午兩點半，我們再次回到碼頭，在毫無心理準備的情況下走進船艙，立刻被眼前的景象嚇到了。

船內所有可以站的地方都站滿了人，人人摩肩擦踵，站在門口已感覺到人群散發出來的熱氣。到底該擠進去，還是等下一班船？這真的是一個艱難的抉擇，但下一班船四點半才開，實在太遙遠了，只好硬著頭皮走下去，擠進一個婦女較多的角落。說不定開船後會比較涼快呢。我們這樣安慰自己。

熱，非常熱，我們全身每一個部位都在冒汗，海風把皮膚吹得黏黏的，油膩的臉上刻著絕望的神情。這大概是我們人生中最醜的時候，但當時也無暇多想，都快暈倒了，只想快點到站。

也許是我們的臉色太難看，途中居然有一名斯里蘭卡男人讓坐給我們，但也不好意思坐，還是用意志力堅持到最後一刻。這次上岸是用「逃」的，船一停定，大家爭相湧出船外，沒有人想多停留一秒，我們也不例外，立刻跳到岸上，直奔相比之下猶如天堂的巴士。

在熱的時候，想念冷氣，在擠的時候，想念空間，在累的時候，想念家中的床，在被舟車勞頓折磨時，想念方便，在寂寞的時候，想念人，這大概是人之常情。也許旅行的意義，就是讓我們了解哪些東西是真正必須的，又有哪些只是習慣而已，此時才會發現生活中大部分習以為常的人、事、物原來並非不可或缺的。

在賈夫納待了三天後，我們也是時候離開北部了，再次坐上公車，往遊客同樣稀少的東部前進。

吸引我們來到東部的是鴿子島（Pigeon Island），斯里蘭卡其中一個著名潛點。當然作為一個位處印度洋島嶼，斯里蘭卡的潛點不少，但九月是西部和南部海岸的淡季，要享受陽光與海灘還有潛水的樂趣，只能來到尼勒韋利（Nilaveli），一個距離亭可馬里（Trincomalee）僅十多公里的小村莊。

經過快六小時的車程後，我們終於來到民宿。一走進去，發現自己身處一個大庭園之中，被樹林包圍著。累透了的我們立刻攤坐在一張椅子上，員工竟立刻給我們送來兩杯茶，太貼心了！

此時，一名外國小朋友跑過來跟我們玩，他完全不怕生，忍不住發問，還拿我們的手機來玩遊戲，要求坐在我們的大腿上，主意多多，表情有趣。老實說我們一向不太喜歡小孩，但他真的很可愛。記得我們一開始問他叫什麼名字時，他聰明地回答：「爸爸說我只能把名字告訴民宿的人。」後來熟了點才肯說自己的名字，自我介紹說今年三歲。後來跟他的父母見面，才知道他們是荷蘭人，一家人來這裡度假，已經在我們對面住了很久。難怪小朋友跟民宿的員工相當熟絡，常見民宿的人牽著他的手到處走。

每次與外國長大的小朋友相處，都會覺得他們特別敢於表達自己的想法，與含蓄的亞洲小孩不同，這也許跟成長環境有關係。記得帶遊學團期間，於美國寄宿家庭住了一個月，我發現美國爸爸與小孩的相處真的就像朋友，而且常問小孩有什麼想法，並鼓勵他們表達自己的想法。反倒是我，每次他問我問題，我第一時間考慮的不是自己真正的想法，而是把這個想法說出來會不會為別人帶來麻煩，或表現得不大方之類，後來他就直接跟我說：「我知道你是有禮貌，但其實我比較想你直接說要或不要，這對我來說比較簡單。」

這真的有讓我思考了一下，回想自己的成長過程，沒有人跟我這樣說過，我們在亞洲長大的小孩或多或少都被灌輸過一個想法，就是少想自己，多想別人。為自己爭取權益，是自私，稱讚自己或只是欣然接受稱讚，就是驕傲，有些傳統的父母甚至會在遇到別的家長時，一味稱讚對方的小孩而貶低自己的小孩。但這其實也不是他們的問題，而是整個社會的風氣都不鼓勵人做自己。

晚上，我們留在民宿用餐，荷蘭小朋友又跑過來玩，但很快就被媽媽叫回去吃飯了。順道跟媽媽聊了

幾句，原來他們雖然住在民宿，但可能是因為會住上一段時間，比較像旅居，他們都是買食材回來自己煮，只是煮菜的都是她老公。這件事深深打動了凱琪，她說：「以後一定要找個會煮飯的男朋友！」

看著他們一家三口在昏黃燈光下用餐的畫面，彷彿幸福的寫照。有趣的是，我們完全不是嚮往家庭的人，還常常憤慨地說，不懂為何人人都認為人生必然要走向結婚生子，尤其是對女生。現在一想，也許我們只是不認同亞洲社會對婚姻、家庭的看法，因為當中包含了太多對性別的刻板印象，就像是「男主外，女主內」的觀念，又或是簡單如誰煮飯的問題。我們的看法十分簡單，既然家庭是由兩個人所建立，所有的支出、家務、煮食都應該由雙方一起負擔，不是嗎？

第二天早上，我們就出發去潛水了。

自從兩年前在印尼考了潛水執照後，我一直無法忘記第一次在水底呼吸的感覺。只要按下釋放背心氣壓的按鈕，人就會開始往下沉，不一會就進入了那個與世隔絕的藍色世界中，成為色彩繽紛的珊瑚、魚群甚至海龜眼中最奇特的訪客。海平面以下的世界是神祕而誘人的，一方面使人害怕，因為在海中依賴氧氣筒呼吸的人類太脆弱了，但也因此吸引了愛好冒險者一再到訪。可惜潛水在香港是個奢侈的運動，我考完執照至今都沒有機會再次潛水，到了斯里蘭卡就只能跟凱琪一起參加潛水體驗。

原來鴿子島離尼勒韋利非常近，坐快艇一下就到了。島上有兩片海灘，潔白的沙上躺著不少外國人，正在忘我地晒太陽。走進小島中央，國家公園貼心地設置了桌椅，甚至還有自製的鞦韆，氣氛悠閒。

背好裝備，跟著潛水教練和助教下水，先練習一些基本技巧。每一個練習都似曾相識，心想應該沒問題。沒想到一出海就不一樣了，我的表現比初學者更糟糕，不禁懊悔沒有先在香港練習一下。

由於是潛水體驗，我們只潛到八公尺，就開始游回岸上了，然後大家開始自由活動，休息的休息，浮潛的浮潛。這是我們第一次嘗試浮潛，戴上面具，穿著蛙鞋，動作生硬地走到水中，驚訝地發現就在離沙灘不遠處，海底竟然長滿珊瑚。這一邊的海跟剛剛潛水那邊的完全不一樣，即使只待在岸邊的淺水區，已經看到不少熱帶魚在游來游去，有的成群出沒，有的色彩鮮豔，有的一看就覺得晚上會發光。在與飄浮的水母擦身而過時，我終於明白鴿子島的魅力。

就在我們玩得正樂時，兩名潛水助教邀我們一起到深水區尋找「友善」的小鯊魚，凱琪很聰明地要求穿救生衣，但我懶得去拿，心想應該不會太深吧，還有浮潛工具呢！

結果證明我是錯的，因為很快就發生了呼吸管進水的狀況。突然吸了滿口水卻吸不到空氣，那一剎那的恐慌令我完全無法思考，只能

掙扎著把水弄出來，偏偏這次是在五公尺深的深水區，所以越弄越糟，人生第一次覺得自己要淹死了。

幸好其中一名助教剛好在附近，立刻救了我。而可能是我掙扎的慘況太觸目驚心了，他之後乾脆一直拉著我，一路還向我指出小鯊魚的位置，我的心情也就比較平復。看到海底躺著一隻大海龜時，我興奮地把運動攝影機拿出來開始拍影片，助教示意我把攝影機給他，接著他竟潛到海底去拍，近距離拍到海龜咬珊瑚的畫面。更令我感激的是在一次掙扎中，我竟然把蛙鞋弄掉了，看著它直沉到海底真的很絕望，但他也是立刻潛到海底把鞋撿回，還幫我穿上。上岸後，我很認真地跟他說了句「謝謝」，但完全不足以表達我的感激。

混亂之中，我與凱琪失散了，於是回來後直接坐在沙灘上等她。頹廢地坐著，回想起海中的經歷仍心有餘悸。也許有時候衝動是好事，因為很多事不試是不會有結果的，但我老是不管事情的難度，想做就去做，卻又不肯花時間準備，這就是一個致命的弱點了。

六　山區歷險記

沿著蜿蜒的公路上山，氣溫逐漸降低，窗外天色陰沉，細雨綿綿，我們開始意識到自己已經踏入山區了。接近康提市，從距離市中心約兩公里遠的地方開始，我們就陷入了這個山區第一城市的車潮中，在混亂的交通中緩慢前進，這可真的不是一個良好的第一印象啊！

下車之後，我們被進進出出的公車困在烏煙瘴氣的公車站，一時有些不知所措。本來打算走路去旅館，但在問了一個又一個人後，竟然越走越困惑，還是坐三輪車算了！

這次選了一家古老的旅館，有一百多年的歷史，現在被聯合國定為受保護建築。旅館就在湖畔，旁邊就是著名的佛牙寺，相當方便。只是我們沒有注意到古老的外表之下，還有個古老的內在，興高采烈地選了附衛浴還在陽台旁邊的漂亮房間，晚上才發現整間旅館的浴室都沒有供應熱水。

匆匆安頓好，我們已經很餓了，沒有力氣去找餐廳，就留在旅館吃。沒想到古老的旅館居然附設一家漂亮的西式咖啡廳，環境雖好，但想找一道當地菜式都不易。這跟康提給人的感覺很像，新舊交融，有傳統的一面，也有現代化一面。

一方面，康提無疑是個古老的城市，在一四七四年至一八一五年曾為康提王國的首都。這裡多年來被用作對抗殖民國家的基地。在僧伽羅語中，康提的意思是山，而這裡易守難攻的地形，正是它能抵抗葡萄牙人、荷蘭人、英國人多年侵略的原因。

數百年的反侵略歷史，使康提成功保留斯里蘭卡最傳統的文化和宗教，有學者把斯里蘭卡主要的民族僧伽羅人分成低地僧伽羅人和高地僧伽羅人，其分別在於前者受西方國家統治的時間較長，後者因時間較短而思想更傳統。可惜到了一八一五年，英國人成功分化康提王國內部而占領當地，其後低地僧伽羅人和高地僧伽羅人的差異亦已逐漸減少。不變的是康提早已成為斯里蘭卡的佛教中心，全國最有名的佛牙寺位於當地，第一屆世界佛教聯誼大會亦於一九五〇年在康提舉辦，可見當地在斯里蘭卡乃至於全世界佛教徒心中的地位。

僧伽羅人所信奉的佛教為上座部佛教，亦被稱為小乘佛教或南傳佛教，因為它是從印度傳到斯里蘭卡和東南亞的，起源可追溯自公元前三世紀。現在大部分東南亞國家信奉的佛教仍是上座部佛教，跟尼泊爾和西藏的藏傳佛教不一樣，那是佛教從印度往北傳後再發展出來的分支。

自從傳入斯里蘭卡後，佛教一直都是當地的國教，除了在外國殖民時期受壓迫，斯里蘭卡獨立後，政府又再重新推動佛教發展。因此到了現在，佛教已成為斯里蘭卡的代表文化，而作為最重要的佛教傳播地，康提亦被列入斯里蘭卡「文化金三角」中，並於一九八八年被列為世界文化遺產。

有趣的是，康提同時是全國第二大城市，也是我們至今待過最現代化的斯里蘭卡城市。走在路上，隨處可見遊客餐廳、紀念品商店和國際連鎖店，當地人的衣著都很時髦。我們在雨中漫步至火車站，與別的城市不一樣，康提的火車站明顯規模較大，售票系統亦已電腦化。因此，雖然後天從當地出發至努沃勒埃利耶（Nuwara Eliya）的火車已客滿，我們仍可買到幾天後從努沃勒埃利耶到埃拉的火車票。那一段是以風景優美而著名的山區火車路線，幸好還買得到票，至於從康堤到努沃勒埃利耶，就坐公車去吧！

買好火車票，辦好電話卡，採購完之後旅程所需的東西，明天大概可以盡情逛街了！怎料到了晚上，當我再次把火車票拿出來看時，心頓時涼了一涼，日期不對！比計劃中的晚了一天。

此時我腦中冒出兩個解決方法，一是改票，二是在努沃勒埃利耶多待一天。但買錯的那段路線太受歡迎了，應該是很難買到別班車的票。打去電訊公司提供的票務熱線，電話又不爭氣，居然在最後一刻斷線了。一氣之下把心一橫，不如想想看有沒有第三個方法吧！

我把地圖和行程拿出來，突然看到被排在旅程後半段的基圖爾格勒（Kitulgala）其實也在山區，於是立刻上網查路線，發現轉車地點 **Ginegathnena** 在康提與努沃勒埃利耶之間，只要我們坐往哈頓（Hatton）的公車，中途在那裡下車，再換乘往可倫坡方向的公車，基圖爾格勒就在途中。聽起來可行，就這樣吧！

有了解決方法，心情頓時輕鬆了。這就是當行程規劃者的壓力，如果只是安排自己的倒還好，做錯了什麼也只是自嘆倒楣而已，但一有旅伴就會怕拖累別人，更怕會因此而發生什麼爭執，所以有時候會寧願獨遊，享受獨自一人的輕鬆。當然，有人可以一起分享旅途中遇到的事物，是另一種快樂，而從實際的角度想，兩個人的行程往往比一個人的容易安排，這也是對獨自旅行者不公平的地方。

看到洶湧的河流，同時「Rafting」一字不斷出現眼前，就知道快到基圖爾格勒了。

這裡是全國最適合玩漂流的地方，因此營運冒險活動的公司不計其數。我們去得臨時，只好漁翁撒網，傳了電郵給評價最好的幾家。最後我們選了回覆最快的那家，他們還有一個河邊的營地，讓我們可以住一晚再前往努沃勒埃利耶。

到了營地，果然就在河的旁邊。裡面有一個用餐區、一個公共洗澡間和不少固定在木架上的帳篷，而我們將在其中一個帳篷中過一晚。但我們到達時，天還亮得很，還有一整個下午可以進行活動，當時也餓了，決定先嘗一下「斯里蘭卡自助餐」。走進用餐區，除了我們之外幾乎都是本地人，有些看似學生團體，有些則是家庭，連自助餐供應的食物也非常「本土」，辣到我們都快吃不下去了。看來這是一個當地人經營的營地，跟我們聯絡的外國人大概只是扮演仲介的角色。

終於可以出發了，我們和一對德國情侶一起，跟著兩名教練乘坐三輪車到河邊，他們很隨興地把大橡膠艇放在車上面，只用手扶著，

滑稽的畫面看得我們忍不住大笑。到了河邊，已看到水流很急，看來在雨季來山區還是有好處的，起碼可以玩真正刺激的漂流。

坐上橡膠艇，簡單練習過指令後，我們就開始隨水漂流了。一開始還只是水流較急的河流，但很快我們就看到了！瘋狂的漩渦就在前方！第一次嘗試漂流的我們忍不住大聲尖叫。轉眼間，橡膠艇成了急流的玩具，無奈地被拋上拋下，而我們除了水花以外什麼都看不到，唯一可做的是緊緊抓著繫在艇旁的繩子，但凱琪還是差點掉入河中，幸好教練一手抓住她的救生衣，把她拉回船上。

一段又一段急流過後，終於到了平靜的河段，此時教練又有新花樣，叫我們直接跳入河中。我們的膽子也練大了，既然有穿救生衣，就鼓起勇氣跳進去。原來泡在清涼的水中還挺舒服的，我們拿出運動攝影機亂拍，前方剛好就是電影《桂河大橋》（*The Bridge on the River Kwai*）中的古老橋樑。

什麼？急流又來了！沒有料到會玩這麼兇，我頓時慌了。教練知道我們不太會游泳，因此一直在旁邊幫忙，把我們往水面拉，我也一直努力地抬頭，但水不斷湧上來，還是一直喝到水，完全無法呼吸，只隱約聽到教練一直叫我合上嘴，但我真的沒氣了，不張嘴是會死的好嗎？

幸好在窒息之前，一切都過去了。雖然驚險，但當驚險只是有驚無險，我們還是覺得很好玩。這大概就是冒險活動的吸引力，明明在玩的時候是膽顫心驚，但只要玩過一次就會上癮，之後的經歷要是不夠刺激，反而會覺得失望呢！想想旅行和生活之間的關係好像亦是如此，習慣了旅行的新鮮感，容易使生活失衡，畢竟沒有人的生活是可以每天住在不同地方、經歷不同的事。因此，在長途旅行之後，往往需要一段時間反過來適應原本的生活。

全身濕透地回到營地，洗個澡後舒服地攤坐在用餐區休息，剛好那裡有一個斯里蘭卡家庭，我們就自然而然地跟他們聊起來。

坐在我們附近的男人說，他們正好要到附近的茶園參觀，問我們要不要一起來，於是我們就厚臉皮地坐進他們的車，跟著一起上山。可惜就在快到茶園的時候，發現最後一段路太難走，只好折返。

我們回到營地時，一個生日派對即將開始，原來是剛剛邀請我們的那個人生日。他們一家邀請我們和德國情侶參加，一起唱歌和吃蛋糕。與此同時，天色也暗了，原來已經到了晚餐時間。於是我們去了河邊的燒烤區，吃我們預訂的燒烤自

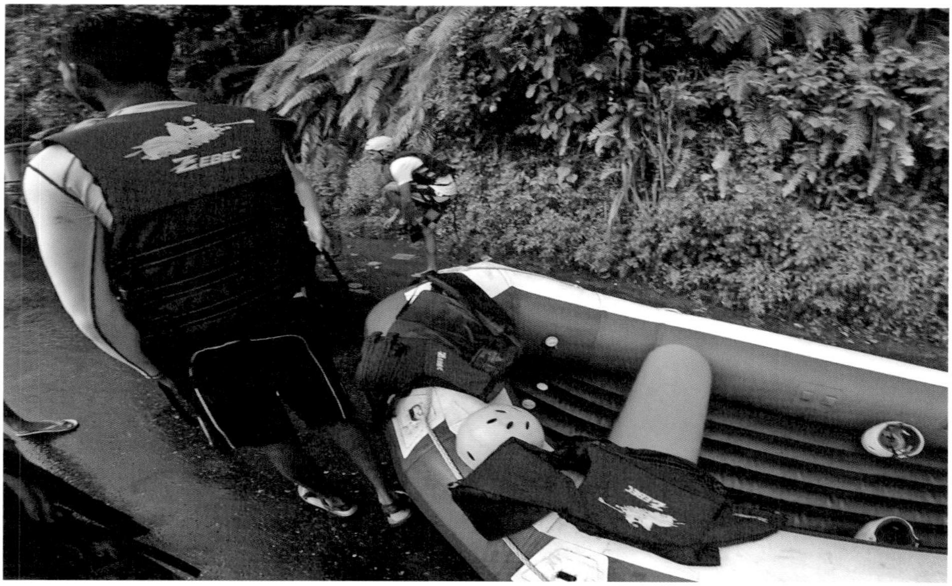

助餐。燒烤網上有豬肉、雞肉和香腸，另外有炒米粉和咖哩馬鈴薯可供取用，十分豐富，但都是肉，其實我們也吃不了多少。

就在我們快吃飽的時候，生日派對的主角過來問我們喝不喝酒，然後即現場示範烈酒混可樂，給了我們每人一杯。我們禮貌性地喝了一口，但因為真的不喜歡，所以放下了，不久後就先回營帳。沒想到在我快睡著時，竟突然聽到他的聲音，他在問凱琪能否進來我們的營帳，因為太無聊了，想找人聊天。這根本就不合理，於是凱琪回答他：「我朋友睡著了，不方便。」我聽到她這樣說，就繼續裝睡，但他還不放棄，這大概是我們整個旅程中唯一有點害怕的一次，然後我聽到凱琪以比較堅定的語氣說她也要睡了，他才離去。

面對這種時刻，女生確實會比較沒有安全感，這大概是女性背包客的限制之一。就像我們以前打算去印度，每次跟別人說，收到的回應總是：「女生自己去不安全吧？」雖說一個地方要是不安全，不管是男生或女生去都是不安全，但女生要擔心的還是比較多一些。不過話說回來，女生當背包客也有便利之處，像是遇到別人幫助的機會比較大，這大概也是對男生不公平的地方吧！

七　旅居山城

再次回到中央高地，努沃勒埃利耶的濕冷天氣似曾相識，我們在康提已經領教過了，只是這次是在清晨五點，寒冷程度加倍，我們已經把所有可穿的衣服穿上了，但仍瑟縮在小小的三輪車中，被四方八面而來的寒風吹得忍不住發抖。

終於踏入霍頓平原（Horton Plains）國家公園的範圍，當地海拔超過二千米，野生動物也與低地的不一樣。我們在途中就看到一群鹿，在濃霧中緩緩向我們走來，看清了，他們的耳朵圓圓的，是之前沒有看過的品種，十分可愛！

獨特的自然環境，使中央高地成為不少動植物的棲息地，全國超過一半的地方性脊椎動物和開花植物為該地獨有，還有一些瀕臨絕種的物種，如齡猴、蜂猴和斯里蘭卡豹，使此地

於二〇一〇年被列為世界遺產。

到了國家公園售票處，才發現門票很貴，即使我們跟其他遊客拚團一起買票，每人還是要付兩千五百盧比。看著被霧氣籠罩的前路，不禁思考到底值不值得，在這種天氣下，進去國家公園也未必可以看到什麼，但既然已經坐車來到這裡了，還是付錢進去吧！

也許票價高是有原因的，一踏入大門，就有工作人員細心地檢查進園遊客的包包，提醒不能帶塑膠袋進去，因為動物可能會被遺留在國家公園的塑膠袋困住。走到景點「世界盡頭」（World's End）的路約四公里，一開始走過大片草原，其後進入樹林，不時會看到旁邊出現介紹沿途動植物的牌子。整個國家公園的路線規劃也頗為完善，平整的柏油路徑設計成環形，全長九

點五公里，在抵達「世界盡頭」後，遊客可選擇走另一條路回到起點，不浪費時間。

其實「世界盡頭」是一個懸崖，但到了以後只看到白茫茫一片，反倒真有到了世界盡頭的感覺。幸好就在我們吃早餐的同時，霧就漸漸散去了。

走到懸崖邊一看，眼前是一座座高山，腳下是翠綠的田野。但站在一千兩百公尺高的懸崖之上，底下彷彿無底深淵，腳也軟了，我們只敢探頭一看，然後立即縮回安全地帶。事實上，「世界盡頭」確實是個危險的景點。由於懸崖前沒有任何欄杆或扶手，偶爾會有遊客因失足而喪命。最近一次意外發生在二〇一五年，一名德國遊客為了拍照而失足跌落懸崖，幸好一棵樹阻止了他的跌勢，他才成為了第一個在「世界盡頭」意外中生存下來的人。

踏上歸途，霧氣已消失得無影無蹤，取而代之的是藍天白雲。陽光調適了高地的低溫，我們在恰到好處的舒適天氣下散步，不時駐足拍照。轉入往 Baker's Fall 的路，開始踏上崎嶇難行的碎石路，走進潮濕的森林，幾度差點扭到腳。好不容易到了瀑布，立即用清澈的河水洗洗黏膩的手和臉，稍作休息。

回到起點 Farr Inn 後，我們再次坐上三輪車，心想接下來應是午餐時間。但在司機的行程中，還有兩個景點。他說時間不夠，因此先把我們載到一個觀景台，站在上面可一次看到五道瀑布，然後我們跟著他從附近的小路上山，明明已經餓到沒力，還要不停爬階梯。如

此虐待自己，只為看個景點，實在不是我們的風格。

到了最後一個景點 Mackwoods 茶園，我們已經餓到沒有心情參觀了。幸好園中有個漂亮的試茶地方，裡面有一些配茶的甜點出售，於是我們把它當作主食來吃，每人點了兩件蛋糕，當然也順道嘗了新鮮「出爐」的紅茶，色澤很漂亮，味道果然是又香又濃！使人精神一振。

紅茶可以說是斯里蘭卡的代表飲料，在當地生產的茶有一個專有名稱，就是我們耳熟能詳的「錫蘭紅茶」。由於紅茶是當地一個相當龐大的產業，就像在努沃勒埃利耶，一出去城外，就會看到連綿不斷的山頭上全是茶樹，通常屬於大集團所有，所以斯里蘭卡甚至有一個管理茶的 Tea Board，於一九七六年成立，負責制定業界標準及規定。

跟據 Tea Board 的資料，斯里蘭卡的產茶區主要集中在中央山區，一直延伸到南部山腳。這個地區被古代的僧迦羅人稱為 Mayarata，有幻境之國的意思。傳說惡魔與靈體經常出沒於這個地區，加上野獸、毒蛇、山泥傾瀉、落石等危險，使人類多年來遠離山區，只有林務員、隱士、逃亡者才會前往當地。一直到了英國殖民時期，英國人很快就發現了這片原始森林的珍貴，約兩百個咖啡園由此而生。可惜在一八六九年，一種新的植物病毒 Coffee-rust 出現，逐漸摧毀了正蓬勃發展的咖啡產業。此時，一名蘇格蘭種植者 James Taylor 嘗試在自己的咖啡園種茶，他的成功使茶迅速取代咖啡成為當地的主要農作物，政府藉此挽救了經濟。

時至今日，紅茶已是斯里蘭卡的主要出口貨物，使當地成為世界第三大產茶國，更是最大的紅茶出口國，而我們參觀的 Mackwoods 正是其中一家規模很大的產茶公司，有超過一百六十年歷史，還擁有大約兩萬七千英畝的土地。但跟其他遊客一樣，我們只被帶去參觀茶廠，一邊聽解說員介紹製茶步驟。

首先當然是採茶（Plucking），解說員說，每位採茶婦女每天要工作八小時，採三十公斤的茶葉，聽起來很嚇人！大概可以想像這是很辛苦的工作，因為除了量，質也很重要。「一心二葉」是她們通常會採用的原則，意思是只取茶樹的芽和每株最嫩的兩片葉子，這重要的第一步將決定製成品的品質。

新鮮的茶葉被運到工廠，第一個步驟是秤重（Weighing），以此作為品質鑑定的指標。接著，茶葉會躺在架上長達十八到二十四小時，直到三分之二的水分已蒸發，萎凋（Withering）就完成了，可以進入下一個階段——揉撚（Rolling）。這是一個機械化的工序，過程中，茶葉會釋放酶（Enzymes），之後當它與空氣接觸，將產生化學反應，後者被稱為 Aeration 或氧化（Oxidation），時間長短將決定製成品的顏色和味道。最後，茶葉被送進乾燥機中高溫處理，出來就是我們熟悉的黑色茶葉了。

一開始引入茶園的雖是英國人，現在茶卻成為了斯里蘭卡的驕傲，也是當地人生活的一部分。對於整個國家的經濟而言，這些小小茶葉的影響力亦不容小覷，產業收入占政府收入的四成、外匯收入的三分之一，從事該產業的人數更占總人口的百分之十四。但正是因為這個產業如此發達，從英國殖民時期開始，農田不斷被改建為種植園，使原本有充分條件發展農業的斯里蘭卡竟需要從其他國家進口糧食，沒有辦法做到自給自足，這個問題一直延續至今。

在夜色中回到民宿，不知道是因為早上吹了風，還是舟車勞頓了一天，凱琪

病了。但車票已訂，又沒有理由留在努沃勒埃利耶，還是決定按照計畫前往埃拉。

著名的山區火車從康提出發，在努沃勒埃利耶接了我們，然後在雨中往終點站巴杜勒（Bandulla）駛去。火車夾在山和懸崖之間，在狹窄的單向鐵軌上緩緩行駛，雨勢減弱後，我們可以清楚看到沿途的樹林、田野、茶園、高山、村莊等。車程中最令人興奮的時刻是穿過小隊道，車一進去，車中頓時變得一片黑暗，有些無聊的人故意在此時尖叫，害我們也想加入。

從努沃勒埃利耶到埃拉其實不到六十公里，坐火車卻花了三個小時。下車時，天又下起大雨，背著大背包的我們狼狽不堪，幸好先訂了住宿，可以直接坐上老闆 Ruwan 的三輪車前往民宿。

我們想像中的埃拉是一個較努沃勒埃利耶寧靜的山城，附近更有不少徒步路線，於是我們一口氣訂了四晚住宿。

幸好民宿不錯，藏於山林之間，環境清幽，乾淨的客房有兩小床和一切生活所需，更有個正對著火車軌的陽台！一進房間，我們就把背包中所有東西掏出來，任由它們散落各處。此時，Ruwan貼心地送來茶和餅乾，根本就是在鼓勵我們偷懶，於是一直拖到六點才懶洋洋地出門。

夜色中的大街滿是遊客，兩旁商店林立，外國人聚在裝潢精緻的餐廳喝酒、吃飯，但這一切無損山城的悠閒氣氛。我們忍不住走進一家又一家漂亮的小店，可惜裡面的商品以至日用品都偏貴，還是明天到最近的城市巴杜勒去買吧！那裡有支援銀聯卡適用的商業銀行（Commercial Bank）、超市、藥房和醫院，我們打算一次把所有事情辦好。

坐上同樣的山區火車，遇上同樣陰沉的天氣，幸好沿途景色不俗。

巴杜勒與埃拉完全不一樣，這是一個真正的城市，但比康提多了些滄桑感，街上建築破破舊舊的，偶爾夾雜一兩間印度教寺廟，遊客也比埃拉少得多。我們穿梭在城市之中，先找地方吃飯，再去提款、買日用品，最後回到醫院。

今天最重要的任務是看醫生，因為當時凱琪的感冒雖然快好了，但可能是因為山區的氣候太潮濕了，皮膚開始過敏，癢得難受。但她需要的那科醫生遲遲不上班，掛號時說六點半，到了六點半卻說七點。後來終於拿到藥單，交到醫院附設的藥房，心想拿了藥大概就能走了，沒想到醫生開的兩款藥都沒有！我們只好在夜色中到附近每一家尚在營業的藥房詢問，最後還剩一款藥沒找到，但為了趕末班車，非走不可了！

回到民宿後，又是一大桌美味飯菜在等我們，但我卻發現自己完全沒有胃口，飯後更變本加厲，開始出現頭痛、喉嚨痛和忽冷忽熱等症狀，原來輪到我病了，該死的濕冷天氣！不過我也已經有心理準備，早晚會輪到我。這次也是跟以往無數次感冒一樣，我傾向用睡覺和大量喝水來治病，只要病徵不太嚴重，都盡量避免吃藥，為免越拖越長，甚至產生抗藥性。但當然這只是我自己的方法，不一定人人適用。

旅行難免會遇到生病、受傷等情況，而處理不慎，往往就會毀了整個旅程。因此，我一直覺得準備藥物是行前最重要的工作，一般的感冒藥、腸胃藥、止痛藥是不可或缺的，另外還要因應自己身體的情況準備慣用藥物。小小的急救包裡除了藥，也應該要有處理小傷口用的東西，例如小瓶的生理食鹽水、消毒棉片、石蠟紗布、紗布塊、藥膏、醫療用膠帶和一般的ＯＫ繃。有了這些準備，應該就足以應付不用送醫院的病痛或傷口了。

隔天，我們不得不再次來到巴杜勒，就是為了找剩下那款藥。這次來到另一家醫院 General Hospital 的附近，問了好幾家才終於找到，差點想開香檳慶祝。完成任務後，趕回埃拉參加預約好的烹飪課。狼狽地跑進廚房，當時其他參加者正在剝蒜，笑說我們來得正是時候。

導師年僅二十六歲，卻已有四年教學經驗，從高中就開始開班，把母親傳授的食譜教給外國人，難怪說得一口流利英語，刀工又如此漂亮。最後我們的晚餐相當豐富——香料飯、椰絲沙拉、馬鈴薯咖哩、達爾豆咖哩、大蒜咖哩。居然以蒜為主菜！這大蒜咖哩是最令人印象深刻的一道菜，味道頗出乎我們意料之外，少了嗆辣的氣味，多了軟綿綿的口感，十分下飯。

以前曾到過不少東南亞國家旅行，已發現烹飪課是常見的旅行活動。可能是因為營運成本低，只需一個稍大的廚房、食材還有一名稱職的導師，所以不少餐廳和民宿都有條件兼營。但是對於外國人來說卻是一個文化體驗，有些甚至會結合採購食材的行程，帶參加者到當地菜市場參觀。去一個陌生的國家旅行，帶回一道道外國料理，把旅行的感覺延續到家裡，還挺浪漫的！

斯里蘭卡食譜

（八人份）

大蒜咖哩

材料

- 蒜 160 瓣
- 鹽 1 又 1/2 茶匙
- 薑黃粉（Turmeric powder）3/4 茶匙
- 紅洋蔥 1 小顆
- 青辣椒（Green chili）3 根
- 咖哩葉（Curry leaf）20 小片
- 班蘭葉（Pandan）4 塊〔每塊 4cm 長〕
- 肉桂枝（Cinnamon）2 塊〔每塊 4cm 長〕
- 油 2 湯匙〔椰子油、葵花籽油、菜油皆可〕
- 咖哩粉 2 茶匙
- 椰奶 2 又 1/2 杯〔質地較薄的〕

步驟

1. 把蒜剝皮、切半。
2. 混合蒜、鹽、薑黃粉。
3. 在平底鍋中加油，用大火熱油，直到冒煙。
4. 加入紅洋蔥，炒至焦糖色。
5. 轉成中火，加入調味過的蒜繼續炒。
6. 加入咖哩粉繼續炒，再加入椰奶。
7. 蓋上蓋子，煮 25 分鐘左右，直到咖哩變得濃稠。

馬鈴薯咖哩

材料

· 馬鈴薯 6 ～ 8 顆

A
- 紅洋蔥 1 顆
- 蒜 3 瓣
- 青辣椒 1 又 1/2 根
- 咖哩葉 20 小片
- 班蘭葉 4 塊〔每塊 4cm 長〕
- 肉桂枝 2 塊〔每塊 4cm 長〕
- 鹽 2 茶匙
- 咖哩粉 1 又 1/2 茶匙
- 薑黃粉（Turmeric powder）1/2 茶匙
- 胡蘆巴籽（Fenugreek seed）1/2 茶匙
- 椰奶 2 又 1/2 杯〔質地較薄的〕

· 椰奶 1 又 1/2 杯〔質地較厚的〕

步驟

1. 把馬鈴薯剝皮、煮熟、切成丁再加進平底鍋中。
2. 把 A 的材料全部加進去，煮至沸騰。
3. 加入質地較厚的椰奶，一直攪拌至再度沸騰。

達爾豆咖哩

材料

- 達爾豆（Dhal）2 杯

A
- 紅洋蔥 1 顆
- 蒜 3 瓣
- 青辣椒 1 又 1/2 根
- 咖哩葉 20 小片
- 班蘭葉 4 塊〔每塊 4cm 長〕
- 鹽 2 又 1/2 茶匙
- 咖哩粉 1 又 1/2 茶匙
- 薑黃粉 3/4 茶匙
- 紅辣椒粉（Red chili powder）1 茶匙
- 水 2 又 1/2 杯

- 椰奶 1 又 3/4 杯〔質地較薄的〕
- 油 4 湯匙〔椰子油、葵花籽油、菜油皆可〕

B
- 紅洋蔥 1 又 1/2 顆
- 蒜 3 瓣
- 咖哩葉 20 小片
- 班蘭葉 4 塊〔每塊 4cm 長〕
- 紅辣椒片（Red chili flake）1/2 茶匙
- 芥菜籽（Mustard seed）1/2 茶匙

步驟

1 把洗淨的達爾豆加進平底鍋中。

2 加入 A 的材料，用中火煮至表層的水消失。

3 加入椰奶，攪拌，再煮 5 分鐘後熄火。

5 在另一個鍋子上加入油，用大火熱油，直到冒煙。

6 加入 B 的材料，炒至洋蔥變成焦糖色。

7 把這些炒過的材料加在煮好的豆中，攪拌均勻。

香料飯

材料

- 米 5 杯
- 小豆蔻（Cardamom）2 莢
- 肉桂枝 2 塊〔每塊 4cm 長〕
- 班蘭葉 10 塊〔每塊 4cm 長〕
- 水 7 又 1/2 杯

步驟

在鍋子或電鍋中加入上述材料，再按正常程序煮飯。

椰子 Sambol

材料

- 椰絲 5 杯
- 紅洋蔥 1 又 1/2 顆
- 青辣椒（Green chili）1 根
- 番茄 3/4 顆
- 鹽 2 茶匙
- 紅辣椒粉（Red chili powder）1 茶匙
- 青檸 1 顆

步驟

用研缽把紅洋蔥、青辣椒、蕃茄、鹽、紅辣椒粉磨成醬，加在椰絲上，最後加上青檸汁。

八　回到海邊

下了一個早上的雨，民宿門前的路又變成爛泥了，我們背著大背包，小心翼翼地往大街走，開始出發到全國唯一的熱帶雨林——辛哈拉賈森林保護區（Sinharaja Forest Reserve）。此時我聽到一聲尖叫，回頭一看，原來是凱琪扭傷腳了，痛得無法行走。記得以前一起旅行時也發生過類似狀況，通常都需要好幾天療傷，回過頭想到今天還得要轉幾次車，就不禁擔心起來。

當下我先回民宿求救，老闆 Ruwan 幫凱琪背起大背包，帶我們到大街口，幫忙截停往 Bandarawela 方向的巴士，送我們上車，但之後就要靠自己了。

從 Bandarawela 到我們的目的地代尼耶耶，要先換乘往可倫坡方向的公車，中途在 Ratnapura 下車，再換乘直達代尼耶耶的車。途中難免會有下車行走的時候，我只能幫凱琪背著大背包，先找到對的車，她再慢慢跟上。

生病、受傷等情況可謂旅途中最大的考驗，獨自一人固然無助，但要是有旅伴，要面對的困難也不見得較少。當時我要背著兩個大背包、一個小背包勉力趕上公車，雖然明知凱琪比我更不願意發生意外，但難免會有些怨氣。而從凱琪的角度來看，其實她在民宿出發時已建議叫三輪車，但我想說路程很短就沒叫，她也難免會覺得我當時應該聽她的，只是看到我也辛苦，就說了一句而已。如果我們當時稍

微不理智地說了什麼氣話，一場爭吵就在所難免了。

旅行的狀況層出不窮，可引起爭吵的小事太多了，所以大家都說旅行是任何關係的最大考驗。但根據我們的經驗，只要順利「通過」了，那些一起經歷過的事會轉化成共同的回憶，只會使關係變得更好。

到了 Ratnapura，心想只剩下一程車了，但一下車就覺得不妥，因為我們不是在公車站，而是在某個路邊。問了在附近等車的人，才知道要再換乘公車，但看看我們的情況，明顯只有一個選擇——三輪車。

「這個時間已經沒有直達車了，只能坐到 Aluthgama 再轉車。」隨便問一名三輪車司機，沒想到換來這樣的噩耗。我趕緊用手機查一下地圖，絕望地發現他說的 Aluthgama 在海邊，離我們當時所在的位置和目的地都很遙遠，要是真的去，以斯里蘭卡的交通狀況，大概要深夜才能到代尼耶耶吧！正當我們猶豫不決時，司機說往 Aluthgama 的公車來了，他二話不說，立刻幫我們上前詢問公車司機，回來時卻叫我們不要上，因為車程很長，他說他可以幫忙打電話到公車站去問。

看來我們的運氣終於回來了！原來當時還有直達代尼耶耶的車，只是快開了。三輪車司機立即把我們載到公車站，看到車還在，我們差點想歡呼。雖然這位司機的資訊把我們嚇了一大跳，但他是少數如此熱心助人的司機，還確定我們上了車才離開。要是沒有他的幫忙，真不知道能否趕上這末班車呢！

公車往回開一小段路到 Pelmadulla，隨即轉入山路。一開始我們還在興高采烈地談天，不敢相信自己這麼幸運，但當車一直在拐彎下山，整整轉了五個小時後，我們已經面如死灰，肚子又餓到不行。晚上九點，我們才終於到代尼耶耶，坐三輪車到民宿，與民宿老闆兼徒步嚮導巴杜勒見面。他們特別為我們這兩名遲到住客煮了簡單而美味的炒米粉，我們狼吞虎嚥地吃完後，終於看到親愛的床了！累透的我們一倒下就呼呼大睡。

第二天早上，我們跟著巴杜勒從民宿出發。有一名嚮導在身旁果然不一樣，他就像是行動的百科全書，邊走邊向我們介紹沿途看到的動植物，像是含羞草、肉桂樹、腰果樹、椰子樹、咖啡樹、木瓜樹、香蕉樹和有斯里蘭卡國樹之稱的 Ironwood。不說不知，原來當地竟然共有十八種香蕉，而不少植物的用途與我們息息相關，例如一種聞起來像檸檬草的葉子，是驅蚊油的原料。另有一種總撈著竹子的大樹，原來能出產蜜糖，我很喜歡一款叫 Curd and Honey 的斯里蘭卡甜點，當中的蜜糖多半就是來自這種樹。在樹叢之間，有時也會出現可愛而行動敏捷的小

松鼠，有一次還看到會變色的綠色樹蜥（Garden Lizard），巴杜勒說我們很幸運，那不是常常能看到的。

走到熱帶雨林保護區的售票處，巴杜勒提醒我們要把襪子拉起來套住褲管，並幫忙撒鹽在我們的褲腳處。這一切都是為了預防我們最怕的水蛭，因為水會從鹽分低的地方流向鹽分高的地方，水蛭碰到鹽後，體內水分就會往外流失，使牠因脫水而掉落。

辛哈拉賈森林保護區位於斯里蘭卡西南部低地，面積達八千八百多公頃，覆蓋在海拔三百米到一千多米的樹林。豐富的自然環境孕育了不少品種稀有的動植物，雨林中更有超過六成是當地獨有的樹。辛哈拉賈也是全國最後一個生存下來的原生熱帶雨林，種種珍貴之處使它成為斯里蘭卡兩個世界自然遺產之一。

從小時候讀地理開始，我就對雨林特別好奇，直到大學時期有機會到祕魯的亞馬遜森林一遊，終於可以親身感受到雨林的旺盛生命力。溫暖而潮濕的氣候使動植物生長得特別快，為了搶奪生存空間，植物各出奇招，有的拼命長高，突破重圍吸取陽光，有的橫向發展，攔截多餘的陽光和雨水，有的以吸取其他植物的養分維生，而能夠適應陰暗潮濕環境的，就在層層密林之下蔓延生長，形成層次分明且豐富的生態環境。這是一個屬於動植物的世界，一切如此自然，更顯得「全副武裝」的我們是外來者。

一路上，巴杜勒為我們指出各種昆蟲和動物，有些是稀有而漂亮的，例如他在樹幹上發現了長角的燈籠蟲（Lantern Bug），一種叫「紫臉葉猴」（Purple-faced Langur）的猴子，也曾於樹冠上出現。有些則令人不安，像是腳很多的馬陸（Millipede），看著牠在樹幹上蠕動，畫面很噁心，但又忍不住一直盯著看，這跟熱帶雨林給人的感覺一樣，使人既害怕又著迷。

從山區出發，經過熱帶雨林，最後坐公車回到海邊，景色豁然開朗。綠色看久了，醒目的藍色使人眼前一亮。雖然我們的目的地加勒（Galle）仍在下雨，但至少比較溫暖，不過也意味著我們的斯里蘭卡之旅進入尾聲了。

加勒是一個特別的城市，與其他斯里蘭卡城市看起來不一樣，城中荷蘭式的古老建築總使人聯想到歐洲。事實上，加勒位於沿海地區，同時是斯里蘭卡最大的漁港，在殖民時期向來是各歐洲列強的必爭之地。

斯里蘭卡擁有豐富的自然資源，如肉桂、大象、胡椒，這個曾經被森林覆蓋的熱帶小島，早在十六世紀就吸引了葡萄牙人的注意。不久後，他們就用手段控制了當時統治該國的科提王國，成功奪取沿海地區，當地人反抗未果，只好轉移陣地到位於中央山區的康提王國，葡萄牙人無法攻占這個山城，但斯里蘭卡人亦同樣無法奪回整個國家的主權。這個情況一直延續到荷蘭統治時期，荷蘭人違反承諾，在幫助斯里蘭卡人趕走葡萄牙人後，自己成為更殘酷的統治者，毫無節制地榨取當地資源，但在整個時期，荷蘭人同樣無法攻占康提。到了一七九六年，斯里蘭卡落入英

國手中，英國人成功透過勾結康提王國諸侯奪取山區，引入咖啡、茶等等農作物，影響延續至今。

豐富的歷史背景使加勒多了一個著名景點——加勒要塞，這也是不少人來這個海邊城市的原因，包括我們。抵達加勒當天，我們就忍不住先到要塞區逛街。

被四面城牆包圍的要塞區像另一個世界，氣氛與新區截然不同。從古老的城門走進去，我們先看到的不是什麼歷史遺址，而是銀行。街道兩旁全是歐陸風格的建築，再往前走，開始有一些商店、咖啡廳、冰淇淋店、西式餐廳出現。其中一些是設計高雅的高級餐廳或紀念品商店，也有一些風格新潮的小店，即使放在日韓的鬧市中也毫無違和感。走進巷弄之中，我們驚喜地發現一些個性小店，沒有人在門前招徠，甚至沒有明顯的招牌，走進去也沒有人理我們，任由我們慢慢看，有些甚至有出售令人愛不釋手的手工蕾絲，但想想我們那已被塞滿的大背包，還有之後要去的兩個國家，我想也是時候盡量控制一下自己的購買慾了。

其中一間叫人眼前一亮的小店叫 Embark，以狗狗為主題，商品設計都很可愛，部分收益更用在幫忙流浪狗。在斯里蘭卡旅行了快一個月，確實也發現各地都有許多流浪狗。這讓我們不禁想起自己身處的社會同樣對動物不太友善，不人道的繁殖場仍然存在，仍然有人到寵物店買寵物，也仍然有人因各式各樣自私的理由棄養動物。其實就像現在越來越多動物保護人士所說的，寵物是我們的家人，一但養了就是一輩子的承諾，正如我們不會拋棄人類家人一樣。

在要塞區待久了，會忘記自己身處斯里蘭卡，而有一種到了歐洲的錯覺。沒有喧鬧的馬路，沒有擁擠的人群，身處其中會不自覺放鬆下來，對於在斯里蘭卡的瘋狂中生活了快一個月的我們來說，可以暫時休息的感覺真不錯。當然這種悠閒的氣氛大部分是刻意為之的，對於想體驗道地斯里蘭卡文化的遊客來說，這裡也許不是一個好的選擇，但加勒的與眾不同之處，部分也源於它的歷史背景，要是沒有真正的殖民時期建築，開再多的西式咖啡廳，感覺也不一樣。

既然到了海邊，我們當然也不能一直待在要塞區，於是請旅館老闆娘為我們推薦好玩的地方。她建議我們坐公車到希克杜沃（Hikkaduwa），那邊的海灘有不少野生海龜，一年有九成時間能看到，一向喜歡龜的我們一聽就決定去了！

輾轉之下找到老闆娘說的海灘，但只見大得誇張的海浪，走近一看，礁石果然離岸邊很近，但海水汙濁得什麼都看不到。大概是因為雨太大，海龜都躲起來了。那怎麼辦呢？坐了四十分鐘的公車來到希克杜沃，總不能就此回去吧？我們看看地圖，發現幾公里外有個 Turtle Sanctuary，想來應該是有龜可看，於是坐上三輪車再次出發。

在短短的路程中，司機向我們解釋這一帶是二〇〇四年十二月二十六日南亞海嘯的發生地點，當時造成無數死傷。回想起當年我們只是剛上中學的小朋友，但也聽過南亞海嘯之名，可見這一場海嘯的威力有多驚人，影響不止斯里蘭卡，在印度洋沿海多個國家亦造成嚴重破壞。

看著那些依然廢棄的房屋，在陰沉的天氣下顯得格外荒涼，不禁想像當天的情境——巨浪突然來襲，人人爭相逃跑，卻被無情的海浪捲進海中。這就是意外的可怕，在完全沒有心理準備的情況下突然失去一切，甚至失去生命，我總是忍不住想像受害者在失去意識前一刻的心情。這多少讓我明白到生命有多脆弱，回過頭來想，我們花很多生命去追求一樣又一樣的東西，當中其實有哪些是真正重要的呢？

從數字上來看，南亞海嘯對整個國家的發展也影響深遠，尤其在漁業和旅遊業方面。海嘯發生當下，斯里蘭卡仍處於內戰之中，但二〇〇二年的停火協議，已使遊客人數從二〇〇一年的三十多萬人，上升至二〇〇四年的五十多萬人。一場驚天海嘯過後，入境的再也不是遊客，而是救災人員。雪上加霜的是，在漫長的修復工作中，戰火又燃起了。一直到內戰結束之後，斯里蘭卡的旅遊業才開始復甦，比較二〇〇八年和二〇一〇年的遊客人數，足足上升了百分之四十九。到了現在，斯里蘭卡才又成了新興的旅行目的地。

到了海龜「避難所」，原來只是個有著十幾個水池的小地方，由聲稱目標是拯救海龜的機構設立，在當地人買來吃之前把龜蛋拿走，把它們埋在沙裡等待孵化。非常可愛的迷你龜出生後被養在水池，直到牠們會深潛後，負責人就會將牠們再放出大海。但要是救了受傷的龜，像裡面有些已經幾十歲的老龜，牠們就只能待在水池終老了。

斯里蘭卡作為一個海島，島上除了大型哺乳動物，當然也有豐富的海洋資源，甚至有世上最大的龜類——棱皮龜（Leatherback Sea Turtle），同樣位於南部海岸的米瑞莎（Mirissa）也有著名的賞鯨活動，可惜我們這次因為遇上雨季，而不打算花

太多時間在南部海岸，選擇直接從加勒前往最後一站——首都可倫坡。

從加勒到可倫坡，如果坐火車，將會是沿著海邊走，鐵路旁邊就是海灘，應該會是個有趣的經歷，可惜我們待在加勒的最後一天太忙了，辦好一大堆事情後天色已漸黑，只好選擇坐往 Maharagama 的公車。雖然這輛公車的終點站離可倫坡市中心仍有十多公里，但由於走的是全國唯一的高速公路，車程不到一小時，與三小時火車車程相比還是省了不少時間。

這是我們在斯里蘭卡看過最豪華的公車，看起來比較像我們認知的旅遊巴士——座位寬敞舒適、冷氣強勁、穩定而快速，快一個月沒有坐過這樣的車了！反而覺得有點難以適應。

離可倫坡越近，道路兩旁出現越來越多的超市、西式快餐店、國際連鎖店、電器店、很多的私家車和車行，到處都是亮得刺眼的路燈和廣告。我們不是還沒坐上飛機嗎？怎麼好像已經來到另一個國家了。

晚上抵達青年旅舍，發現背包客房內只有我們兩名住客，變相包房，這大概是雨季出遊的唯一好處吧！旅舍員工為我們推薦了一家小餐廳，就在附近的小巷子中，名叫 Gunasiri。沒有遊客，員工不太會講英文，但點的每一道菜都好吃得使我們驚嘆。就在美食的陪伴下，我們度過了在斯里蘭卡的最後一夜。

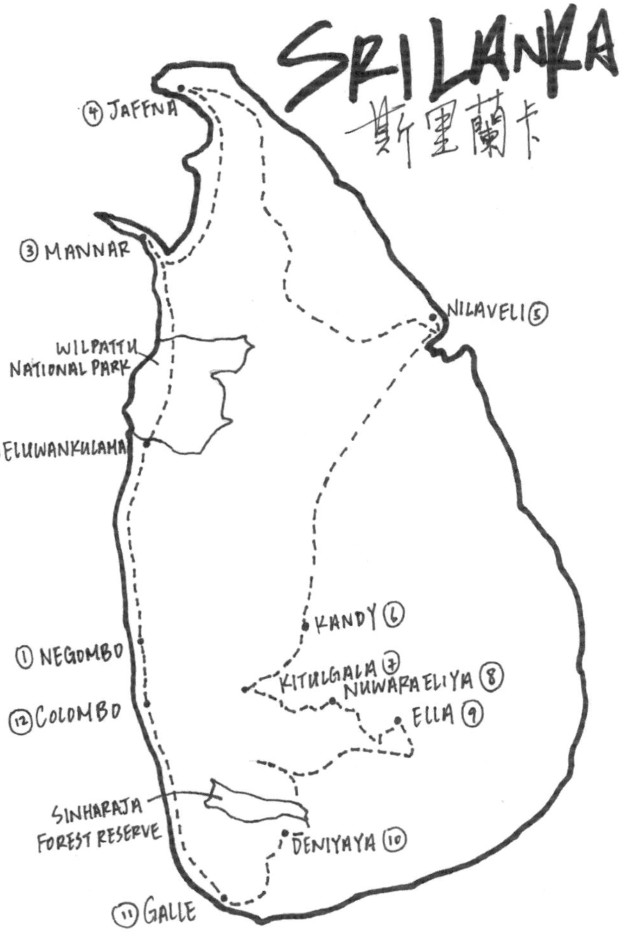
SRI LANKA
斯里蘭卡
④ JAFFNA
③ MANNAR
NILAVELI ⑤
WILPATTU
NATIONAL PARK
② ELUWANKULAMA
KANDY ⑥
① NEGOMBO
KITULGALA ⑦
NUWARA ELIYA ⑧
⑫ COLOMBO
ELLA ⑨
SINHARAJA
FOREST RESERVE
DENIYAYA ⑩
⑪ GALLE

Nepal

II 尼泊爾

震後首都

二〇一五年四月二十五日，尼泊爾發生了一場七點八級大地震，震央在首都加德滿都（Kathmandu）以北的邊境地區，加上一個月後那場七點三級的餘震，據聯合國難民署統計，全國總死亡人數為八千七百零二人，受傷人數為二萬二千四百九十三人。其中傷亡人數最多的是人煙稠密的加德滿都山谷，還有不少建築、道路受嚴重破壞，至今仍未完全修復。

同年十月，我們從斯里蘭卡飛回馬來西亞吉隆坡，再轉機到加德滿都。

其實在地震發生之後，我們一度放棄去尼泊爾的計畫，與其說是怕景點或道路尚未修復，或是自身安全問題，不如說是純粹覺得不太合適。但在接下來幾個月中，我們開始聽到一些比較正面的消息，同時凱琪有朋友的家人在尼泊爾開設旅行社，問了徒步路線的情況，原來位於西部的安納布爾納峰環線（Annapurna Circuit）不太受地震影響，好像沒有理由放棄到尼泊爾徒步的計畫了。

一踏入加德滿都，就忍不住開始尋找地震的痕跡。在從機場往市區的路上，我們一直盯著窗外，只覺得路上的車很少，到了位於塔美爾區（Thamel）的旅館，發現住客也不多，給人的感覺也是冷冷清清。

本來打算在機場先提款，卻找不到支援銀聯的提款機，只好先跟來接機的人離開。放下行李後，再到大街上找地方換錢，當時只有一家小旅行社的燈還亮著。老闆拿出計算機，打出一個匯率，我們不知道是否正確，於是猶豫了，他隨即問我們想要多少匯率，頓時有種進了黑店的感覺。隨後在黑夜中走路找餐廳，不知為何心中有點不安，突然意識到自己已離開相較之下富裕的斯里蘭卡，來到被世界銀行列為低收入國家的尼泊爾。

第二天早上，我們的首要任務就是提款，這次先上網查資料，發現離我們最近而且又支援銀聯網絡的是渣打銀行，約十五分鐘路程。一路上，從路邊的頹垣敗瓦，到散落地上的電線、裂開的路面，使我們幾乎忘了震央是在邊境地區，而不是這個古老的首都。

再次回到塔美爾街後，發現陽光使這個區域活過來了。街上的人明顯變多，一層又一層的招牌在前方迎接我們，滿街旅館、餐廳、旅行社的景象十分壯觀。

而每次經過一家店，眼光稍微停留兩秒，店主就會出來招呼，熱情並未因遊客減少而消失，他們仍是一樣地積極，各出奇招做生意。

塔美爾街是加德滿都的旅遊區，在這裡隨便一家餐廳吃頓飯都是香港價錢，與當地物價相差甚遠。但遊客可以坐在優雅的餐廳內享用尼泊爾大餐，從樓上的靠窗梳化座位，到戶外庭園中的露天座位，任君選擇。另有為西方人而設的咖啡廳，店內充滿新鮮出爐的麵包和現磨咖啡的香氣，置身其中會忘了自己身在尼泊爾。這些遊客餐廳更有提供無線網路，讓人不自覺地在餐廳坐上一兩小時。

然而對女生而言，塔美爾區更大的吸引力來自街上的商店。走在街上，視線總忍不住被各式各樣的商品吸引，可能是掛在店外樣子趣怪的人型睡袋，也可能是種類最豐富的徒步裝備、風格獨特的衣飾——寬大的剪裁、曖昧不明的顏色、褪色的民族圖騰，彷彿連衣服都沾上了外國背包客的嬉皮氣息。

在塔美爾區，一切彷彿因旅遊業而生，而事實上，旅遊業也是尼泊爾一個相當重要的產業。

根據中央統計局在二〇一五年八月發布的人口普查報告，雖然全國大部分人口仍以務農為生，但要是把調查範圍收窄至城市，從事農業的人口比例就由接近七成大幅下降至接近三成，少於從事旅遊相關行業如餐旅、交通和休閒娛樂的人口比例。再看看尼泊爾的國內生產總值，旅遊業亦占當中的四分之一。

當然，談及對旅遊業的依賴，尼泊爾並不孤獨，只要到東南亞走一趟，不難發現許多發展中國家拼命發展旅遊業。而原因也不難懂，很少產業能像旅遊業一樣，不需要太大的投資，卻能在短時間內帶動多個行業的發展，為國家帶來大量收入。

RNET
*Internet
*Net Phone
MASSAGE
2nd FLOOR
HIGHER
LIMITS
TREK
&
EXPEDITION
PVT. LTD.
FedEx
Air-Sea Cargo

沒錯，旅遊絕對是個龐大的產業，從一名遊客買的機票到前往旅館的車程、旅行期間的食宿、行程、娛樂、交通，統統都可以算在旅遊業的帳上。聯合國世界旅遊組織就曾提出數據，說明旅遊業對全世界國內生產總值的貢獻高達百分之十，而每十一人中，就有一人從事與之相關的行業，難怪不少國家都被這個誘人的產業所吸引。

不過，旅遊業帶來的收益就像其發展速度，來得快，去得也快。要是任由它毫不節制地瘋狂發展，吸引遊客的特色就會很快消失，而遊客是很現實的，要是已經沒有前往的理由，就會毫不猶豫地選擇另一個旅遊目的地。

在尼泊爾，旅遊業的脆弱不止源於發展方式，還有殺傷力更大的天災人禍。就像這一次地震，後來我們的徒步嚮導 Krishna 說，他的大哥就有幾個朋友死於那次地震，老家也損毀嚴重，但尼泊爾政府並未向災民提供足夠的援助，只給了每戶一千到兩千盧比及幾公斤米，根本於事無補，居民只能靠自己重建家園。在尼泊爾時，我們就正好見證了震後的慘淡。Krishna 說，即使現在是旺季，徒步人數也從往年的四、五百人跌至五十至一百人，他的客人數量也大幅減少。

塔美爾街是一個令人著迷的地方，才第一天來到這裡，我們就忍不住逛了一整個下午。但到了晚上，我們不想再到遊客餐廳用餐了，於是過一道馬路，來到 Samakhusi Marg。

明明離塔美爾街不遠，街上居然已全是當地人光顧的商店。踏進其中一間看似雜貨店的小餐廳，餐牌上只有尼泊爾文，一進去就看得目瞪口呆。幸好老闆在我們打算走的時候出來，用英文問我們吃什麼，才坐了下來。聊起來才發現老闆一家都

在餐廳內，女兒邊織衣服邊跟我們聊天，老闆娘把自己養的可愛大貓 Snomi 抱來跟我們玩。牆上的可樂廣告也與眾不同，搭配的不是漢堡，而是看似湯包的尼泊爾國民美食 Momo，看來連飲料也要入境隨俗。

如果往塔美爾街的另一方向走，看到的又是另一道風景。位於街道兩旁的也不再是為遊客而設的商店，而是布行、雜貨店及販賣宗教用品的小店。店鋪樓上是舊得有點殘破的民居，幾乎每個路口都有佛塔或寺廟。離杜巴廣場越近，經過的地方越熱鬧，街道漸趨狹窄。一路上與電單車擦身而過，穿梭在人群中，聽著唱片行傳來的尼泊爾音樂，有時還有燒香的味道，與塵混合在空氣中，在陽光的照射下，多了一種迷幻的氣氛。加德滿都的街道設計比較特別，打開地圖一看就知道是彎彎曲曲的，像一個迷宮。就像杜巴廣場附近，明明走在大街上，往旁邊一看，卻是蜘蛛網般窄巷的入口，裡面擠滿了各式各樣的小店。穿

梭在這些小店之間，人人摩肩擦踵，卻有種尋幽探祕的感覺。

與另一個遊客常去的城市博克拉（Pokhara）相比，擁有百萬人口的加德滿都有更濃的生活氣息。在這裡，遊客與當地人一同生活，各自帶著好奇，尋找體驗對方生活的切入點。

一路上左顧右盼，目不暇給，不知不覺就到了著名的杜巴廣場。其實杜巴廣場只是一個地方的統稱，通常是古代宮殿和寺廟的所在地，一如現代的市中心。因此，除了加德滿都市，加德滿都山谷中其他古老城市如帕坦（Patan）、巴克塔普爾（Bhaktapur）皆有杜巴廣場。

加德滿都山谷位於喜馬

拉雅山脈的山麓上，因地理位置在兩千年前已有人類聚居，這些最早的居民被稱為尼瓦爾（Newars），是尼泊爾第四大民族，其文化獨特之處來自多個宗教的融合，包括印度教、佛教、動物崇拜和怛特羅密教。悠久歷史為這座山谷增添不少具代表性的寺廟和建築，使之於一九七九年被聯合國列為世界文化遺產。

事實上，多元文化不止出現在尼瓦爾這個民族，更是整個國家最大的特色。尼泊爾一共有超過三十個民族，相比起其面積和人口，民族結構算十分複雜。更特別的是每個民族至今仍保有鮮明的特色，像是想到藏傳佛教或徒步嚮導、背夫自然會想到高山民族夏爾巴人，想到歷史、文化和藝術會想到尼瓦爾人，

想到軍人則會想到卡斯人、古隆人或馬嘉人。這些民族能夠並存在同一個國家多年實在難得，令人不禁佩服尼泊爾人的包容力。但這或許也是因為當地交通不便，居於不同地區的民族較少有互相交流的機會，不少更處於偏遠山區，幾乎是與世隔絕，衝突也自然減少了。

走進杜巴廣場，才發現這個地方比我們想像中要大得多，可惜也正是因為整個廣場有超過五十座古老建築——曾經的皇宮以及祭拜各神的寺廟，往往已經有幾百年的歷史，地震的痕跡顯然易見。我們走到哪裡都看到倒塌的建築，有些勉強用木條固定住，有些已經成了廢墟，旁邊總有一個警告遊客不能靠近的指示牌。

看著修復中的杜巴廣場，彷彿在訴說當地旅遊業的發展有多脆弱。但也許尼泊爾根本沒有選擇，當將近一半的國土在海拔二千米以上，而發展高山地區的成本太大，發展旅遊業似乎順理成章。往好處想，旅遊業如果發展得宜，像《旅行的異義》作者所說的，它也是一個「永遠不會被越南的工廠或印度的科技中心取代的一項珍貴產業」。關鍵在於「得宜」二字，記得書中曾以法國跟柬埔寨為例，說明發展方式的不同，可導致多麼截然不同的結果，這就取決於當地政府是否有足夠長遠的目光，或是有沒有足夠能力負擔可持續發展所帶來的短期損失了。

作為遊客，我們可以做的也許是思考一下自己的旅行方式。自從冷戰結束之後，人們可以更自由地造訪不同國家，旅行也從有錢人才能負擔的奢侈品，變成人人可以負擔的活動，就像亞洲航空的口號「Now everyone can fly」所強調的，現在坐飛機只是個再平常不過的交通方式。但旅行越方便就意味著負面影響越嚴重嗎？這在旅遊業發展初期是對的，可是想想這幾年，就是因為旅行已經容易到我們可以不需要任何中間人，也不需要團隊，更多的金錢可以流入當地服務提供者的口袋中。其實就是公平貿易的概念，只是把商品換成服務。

當然，背包旅行並不是解決所有問題的靈丹妙藥，但除去中間人變少的因素，會選擇這種旅行方式的人通常較為自律，節省預算的目標也意味著會避開國際財團經營的服務供應商，可以說真正的背包旅行是可持續發展的旅行方式。沒有驚人、只往上流動的利潤，但有真正幫到當地社會的合理收入，重點

二　安納布爾納峰環線Q&A

1　安納布爾納峰環線（Annapurna Circuit）是什麼？

安納布爾納峰環線是環繞安納布爾納山巒（Annapurna Massif）而行的長途徒步路線，位於尼泊爾西部，可謂全國以至於全世界最有名的徒步路線之一，受歡迎程度與珠穆朗瑪峰基地營（Everest Base Camp）不相上下。路線橫跨拉姆瓊（Lamjung）、馬南（Manang）、木斯塘（Mustang）等區域，如果循傳統路線全程徒步，可以長達二十天。

2　為何在眾多徒步路線中選擇這一條？

此路線的最大特色在於跨越不同海拔，低至七百多米，高至五千多米，因此徒步者既可享受低海拔地區的田園景色，又能住在高海拔地區的藏族村莊，沿途有樹林、河谷、湖泊、雪山等不同景色，穿越5416米隘口的挑戰更能滿足愛好冒險的人士。而對於我們這些徒步新手來說，這條路線的好處也在於沿途食宿方便，幾乎每個村莊都有旅店及餐廳，無需紮營，甚至可以不帶睡袋。

3 行程安排

由於尼泊爾的徒步活動太有名，全國有一兩千家徒步旅行社，有國際的，也有當地的，服務範圍小至介紹導遊（每天約二十至二十五美金）和背夫（每天約十至十五美金），大至包含機票、食宿、往返徒步路線交通的「全包宴」，令患有選擇恐懼症的我相當頭痛，還曾經考慮過兩個人拿著地圖就出發。事實上，有不少西方人採用這個方法，至少在安納布爾納峰環線上是可行的。不過到了最後，因為凱琪認識一家當地徒步旅行社的人，就一次付了往返交通、食宿、聘請導遊和背夫的費用，請他們替我們安排，行程則由我們決定。

經過這次之後，我的建議是直接聘請一名可靠的導遊，請他幫忙安排交通、食宿，但錢還是當下再付，這樣透明度比較高。至於是否聘請背夫，則可視自己的情況而定，如果在盡量縮減行李後還是無法自己背，亦並無不可，只是要確保他們是在有保障的情況下工作、有足夠的裝備以及能得到合理的收入。

4 我們的行程

以下是我們最終的行程，但不完全是我們本來的計畫，而是因應當時情況作出更改後的版本：

Day 1	加德滿都（Kathmandu）（1390m）→ Khudi（790m）
Day 2	Khudi（790m）→ Syange（1100m）
Day 3	Syange（1100m）→ Tal（1700m）
Day 4	Tal（1700m）→ Thanchowk（2570m）
Day 5	Thanchowk（2570m）→ Upper Pisang（3310m）
Day 6	Upper Pisang（3310m）→ Ngawal（3680m）
Day 7	Ngawal（3680m）→ Manang（3540m）
Day 8	Manang（3540m）
Day 9	Manang（3540m）→ Yak Kharka（4050m）
Day 10	Yak Kharka（4050m）→ Thorong Phedi（4450m）
Day 11	Thorong Phedi（4450m）→ Thorong La（5416m）→ Muktinath（3800m）
Day 12	Muktinath（3800m）→ Kagbeni（2800m）
Day 13	Kagbeni（2800m）→ Marpha（2670m）
Day 14	Marpha（2670m）→ Kalopani（2535m）
Day 15	Kalopani（2535m）→ Tatopani（1200m）
Day 16	Tatopani（1200m）→ Shika → Ghorepani（2870m）
Day 17	Shika → Ghorepani（2870m）
Day 18	Ghorepani（2870m）→ Syauli Bazar
Day 19	Syauli Bazar → Nayapul → 博克拉（Pokhara）

ANNAPURNA CIRCUIT
安娜普納峰環線
⑪ MUKTINATH (3800M)
THORONG PASS (5416M)
⑫ KAGIBENI (2800M)
⑬ MARPHA (2670M)
⑩ THORONG PHEDI (4450M)
⑨ YAKKHARKA (4050M)
⑧ MANANG (3540M)
NGAWAL (3680M) ⑦
⑭ KALOPANI (2535M)
UPPER PISANG (3340M) ⑥
THANCHOWK (2570M) ⑤
⑮ TATOPANI (1200M)
TAL (1700M) ④
⑯ SIKHA (1938M)
GHOREPANI (2870M) ⑰
POON HILL (3200M)
⑱ TADAPANI (2600M)
SYANGE (1120M)
NAYAPUL (1070M) ⑲
KHUDI (790M) ②
by car
POKHARA ⑳
BESISAHAR (820M)
NEPAL 尼泊爾

注意：安納布爾納峰環線只能循逆時針方向走，因為要是反過來從 Muktinath 穿越 Thorong La 隘口到東邊，由於中間沒有可供住宿的地方，必須在一天內爬升一千六百一十六公尺，這幾乎是不可能的。

5 有更短的路線嗎？

安納布爾納峰環線的傳統起點是 Besisahar，但由於道路發展，現在徒步人士多半會跳過低海拔地區，坐吉普車甚至公車，一路前進至 Tal 甚至馬南，只是要小心山上路況不佳，多半是碎石路，坐得辛苦不在話下，有些路段更頗為驚險。我們是從 Khudi 開始徒步，離 Besisahar 不遠，但經過這次後覺得 Syange 是一個不錯的起點，住宿比 Khudi 好得多，而且從 Khudi 到 Syange 的路上其實也沒有不容錯過的風景。

在安納布爾納峰環線的西邊，所有人穿越 Thorong La 隘口後，都會來到 Muktinath，而其實當地已有吉普車可直達 Jomsom，那裡有一個機場，使之成為了熱門的路線終點。但我還是建議不要錯過 Kagbeni 和 Marpha 這兩個漂亮村莊，還有與東邊截然不同的沿途風景。Kalopani 和 Tatopani 倒是可以省略，如果會繼續爬普恩山（Poon Hill），可坐車跳過這一段，如果打算直接回博克拉，那還是在 Jomsom 坐飛機離開吧！

6 有更長的路線嗎？

道路發展使安納布爾納峰環線的某些路段，成了塵土飛揚的車道，有人因而整理出避開車道的替代路線 NATT Trails，因此如有足夠時間，也可以嘗試這些特別的路線。但即使我們這次走的只是一般路線，也完全沒有失望。

沿途最受歡迎的延伸路線可以說是 High Trail 了，有別於經 Lower Pisang 到馬南的傳統路線，現在大部分徒步人士選擇經 Upper Pisang、Ngawal 到馬南，這樣可以有效適應高海拔環境，到了馬南後也無須再多留一晚，而且沿途風景更美，但當然爬山的部分也更多，比走傳統路線辛苦。

另一條受歡迎的延伸路線是前往 Tilicho Lake，那是一個被雪山環繞的高山湖泊，海拔接近五千米。本來我們也打算挑戰這條路線，從馬南開始轉入 Khangsar，經 Shree Kharka、Tilicho Base Camp、Upper Khangsar 到 Yak Kharka 或 Leder，比一般路線多出四天。可惜當我們到了馬南，天氣就開始轉壞，而前往 Tilicho Lake 的路本來就危險，常有落石，我們的體能也不夠好，應付一般路線已很吃力，於是我們聽取導遊的建議，放棄了這個美麗的湖。

也有些可以在一天內完成的延伸路線，最受歡迎的通常是在馬南周邊，因為很多人都會選擇在那裡多留一天，以適應高海拔環境，我們去的 Praken Gompa 和安納布爾納湖（Annapurna Lake）就是其中兩個熱門的目的地。到了西邊的 Muktinath 或 Kagbeni，也可考慮多留一兩天，探索附近的村莊如 Dzong 和 Jhong。

7 會不會有高山反應？

高山「反應」是一定有，例如進入高海拔地區後，會特別容易覺得累，走快一些就會頭痛，在風雪中爬上5416米的Thorong La隘口那天，我更是幾乎全程都在頭痛中度過。但這些都是輕微的高山反應，正常人都有，只要不惡化，例如嚴重頭痛、嘔吐或呼吸困難，就可以繼續。其實最重要的是按自己的能力安排行程，每天的路程不要太長，海拔上升的幅度也不要太大，盡量不要超過五百公尺。如有不適，寧願原地休息多一天，也不要勉強前進，基本上就不會有大問題。

不過為了安全起見，可以準備一些Acetazolamide 250mg藥丸，不適時服用。而其實治療初期高山症的最佳方法，是立即下降到令自己感到舒服的高度，聽導遊說，現在有來往博克拉和馬南的緊急直升機服務，但非常昂貴，因此，如果對自己的身體狀況沒有信心，出發前最好還是購買旅遊保險。

8 要帶什麼？

由於在尼泊爾之前，先去了炎熱的斯里蘭卡，加上家裡本來就沒有徒步裝備，我們幾乎所有裝備都是在尼泊爾買的。加德滿都的塔美爾區，有數不盡的徒步用品店，從基本裝備到專業裝備一應俱全，唯一要擔心的是選擇太多。不過那裡出售的裝備大多是仿製品，甚至很難找到一件沒有假商標的衣服，店鋪老闆還會跟你分析高級仿製品和劣質仿製品的分別，很奇妙。但話說回來，在衣物及登山杖方面，即使是便宜的仿製品，也足夠應付一次徒步的需要，其他的就還是自己帶比較安全。

以下的行李清單是我針對安納布爾納峰環線徒步設計的，但①～④也適用於一般背包旅行：

① 隨身物品

證件包

不一定要可以放機票的那種專用證件包，我通常是用不透明的防水夾鍊袋。

錢包

要去多於一個國家時，最好選個多夾層的錢包，方便將不同貨幣分類。也建議選用長型，因為有些換錢的地方不接受有皺摺的貨幣。最好是防水、輕巧而且外表低調的，方便收納之餘，也不會引起太多不必要的注目。

兩支手機

一支是平常用的智慧型手機，一支是摔不爛又省電的舊式手機。前者只在旅館或拍照時使用，後者在街上使用，被偷的風險很低，即使不見了也不心痛。

相機

現在的手機幾乎都有很強的拍攝功能，如果只是為了跟朋友分享或自己留念，相機不是必需品。但如果對照片品質要求很高，甚至會拍影片的話，還是買一部專業但輕巧的相機為佳。我自己是帶入門級單眼相機 Canon EOS 600D，但那是因為它陪伴了我好幾年，沒有理由換，不然其實我比較建議帶現在流行的所謂微單眼或半專業數位相機，畢竟單眼相機真的很重。至於同樣流行的 GoPro，比較建議不帶相機但又很想拍影片的人買，因為它雖然輕巧，但如果想拍出好效果卻需要大量配件，像一個穩定器就不輕了。

電子配件包

包括耳機、記憶卡、電池等電子配件，最好多帶一些，因為在國外買通常較貴。

Kindle

非常適合旅行使用的閱讀器——輕巧、省電又不傷眼睛，配燈的 Paperwhite 更可以在任何環境下使用。雖然紙本書的質感無可取代，但帶一本書去旅行不太實際。相反地，Kindle 雖然比一本書容易攜帶，卻等於帶了一個書庫出門。

iPod classic

擁有 160GB 容量的音樂播放器，還非常省電，可惜現在已經買不到了。

紙筆

記事用，在言語不通時亦是有效的溝通工具。

防曬品

這一點是針對徒步加上去的，不管是在炎熱的低海拔地區，還是紫外線強的高海拔地區皆適用，最好選擇防水防汗的，隨身攜帶，方便補擦，另可帶具有防曬功能的護唇膏。

水壺

起碼要能裝一公斤水，可以用登山扣把它扣在背包旁，方便隨時飲用。當然用水袋背包更方便，但不能配合 SteriPEN 使用，清洗也相對困難。暖水壺則視乎個人需要，到了高海拔地區的確很冷，水裝在一般水壺中會變冰水，零下溫度甚至會令水結成冰，有暖水壺的確會舒服很多，不過暖水壺不輕也不小，會增加負擔。

乾糧

強烈推薦能量棒，因為徒步是消耗大量體力的活動，往往還沒到用餐時間就餓了。

地圖

如果沒有請導遊的話絕對要攜帶，即使有也可以帶一本薄的，以防萬一。

② 非隨身攜帶的電子用品

行動電源

當房間插頭離床邊很遠、甚至沒有插頭時，又或者需要請旅館幫忙充電時，行動電源就派上用場了，同時可配合太陽能充電器使用，因此我這次帶了三塊。

電子用品包

包括非常好用的四插頭USB充電器、充電線、相機充電器及轉接頭，尼泊爾的主要插頭樣式是三圓頭，在安納布爾納峰地區較常見卻是兩圓頭。

多功能無線讀卡機

非必要，除非你是只帶手機、或需要拍攝高畫質影片的人，無線讀卡機可使任何USB記憶體成為手機或相機的後備記憶體，使用者在沒有網絡的情況下，仍可從手機或記憶卡傳送或複製資料到USB記憶體上。

太陽能充電器

由於在高海拔地區的旅館充電往往要收費，使用太陽能是個未必更便宜但更有意思的選擇。我們用的是RavPower的9W太陽能充電器，當然有功率更高的，但三十美金是我比較可接受的價錢。它的效果不錯，即使我只在定點使用。例如午餐時間或到了旅館之後，存到的電量起碼足夠我充手機的電。

SteriPEN

利用紫外線淨化水的工具，只須九十秒就可以淨化一公斤的水，容易使用而且可靠。記得多帶一兩組電池。

頭燈

頭燈比手電筒有用多了，晚上到外面去上洗手間或洗澡時，你會需要它，在沒有電的旅館或剛好停電時，你會需要它，在凌晨出發時，你更需要它。記得多帶一兩組電池。

③ 醫療用品

藥包

感冒藥、腸胃藥和止痛藥是必須的，金門的一條根藥膏有助於治療扭傷，有的話可考慮帶上，而即使有 SteriPEN 亦可帶淨水藥片備用。前往高海拔地區則最好帶預防高山症的藥，例如 Acetazolamide 250mg。另外可依個人身體狀況攜帶適合的藥物。

急救包

嘗過摔車滋味之後，我到每個地方都會帶急救用品，包括大大小小的ＯＫ繃、棉墊、醫療用膠帶、石蠟紗布、鑷子、小剪刀、消毒棉片、獨立包裝的生理食鹽水和創傷用的防感染藥膏，例如我在美國買的 Triple Antibiotic Ointment，成分有 Bacitracin（Zinc）、Neomycin（Sulfate）、Polymyxin B（Sulfate）。

按摩膏

用作舒緩肩頸和小腿的痠痛，但記得先測試效果，沒用的話只是浪費空間。

④ 個人衛生用品

洗滌包

可選擇附有掛勾但堅固的洗滌包，內容方面，除了一般的牙膏、牙刷、沐浴乳、洗面乳、洗髮精外，女生比較麻煩，如果有用女性潔膚液的話一定要帶，另外可考慮帶護髮素，因為十月的安納布爾納峰地區實在太乾了。而如果是習慣用肥皂的人，市面上有三合一的手工皂，一塊可洗臉、身體及頭髮，那就更省空間了。

洗衣用品包

建議同時帶洗衣粉及洗衣皂，有盤子或桶子時可用前者，只有水龍頭時可用後者。另外也建議帶小型晒衣夾、晒衣繩及摺疊衣架，至少要多帶幾個登山扣。雖然很多安納布爾納峰地區的旅館都有綁晒衣繩，但上面的晒衣夾往往供不應求，所以既然不重，何不自己帶。

隱形眼鏡

如果有戴太陽眼鏡的話一定要戴，下雨或預計會大量出汗的話也最好戴，所以不得不帶。

雜物包

我會把所有晚上有可能用到的東西全放在一個收納包中，例如重要的潤膚膏及護唇膏、爽身粉或乾洗髮、梳子、額外的綁髮用橡皮筋、耳塞、指甲剪及眉夾。

止汗劑

帶小瓶的，放在背包外層就可以了。

速乾毛巾

用過真的會上癮——輕、薄、快乾。

濕紙巾

遇到沒有洗手地方的廁所時可用來清潔雙手，在沒辦法洗澡時也可以用來清潔身體。

衛生紙

安納布爾納峰環線沿途的旅館都不提供衛生紙，

當然要買到不難，只是一定比城市貴，所以最好自己帶，起碼先帶一卷。

⑤ 服裝（連身上所穿的）——適用於十月的天氣

外套

分層穿衣是最聰明的，外面那一層最好能防風防水，裡面那一層可以是刷毛衣也可以是羽絨衣。以我的標準來說，刷毛勉強夠暖，雖然到最高的地方真的很冷，但只有半天，所以說勉強可以。

衣服

速乾短袖運動衣及登山褲兩套，保暖貼身褲起碼一條，內衣起碼三四套，方便換洗。

登山襪

比一般襪子厚，專業的甚至會在腳受壓的部分加厚，但其實真的不用買貴的，在加德滿都買到的那些就夠了，不過最好買四雙，因為登山襪很難乾，卻要每天換。

登山鞋

最重要的一項裝備，不要買太緊的鞋子，一定要舒服，也最好是高筒的，可保護腳踝，減低扭傷的機會。建議穿自己熟悉的鞋子，盡量不要穿新鞋去徒步。

背包

重要性媲美登山鞋，寧願貴也要選質素高的，不但要耐用還要背得舒服，好的背包有助減輕肩頸壓力。45L 左右的背包已足夠一般背包旅行用，徒步用的話也不需要超過這個容量，否則只會鼓勵自己帶太多行李。如果不想背包發霉的話，記得買防水套。

雨衣

雖然我這次沒有用到，但萬一下雨就很有用了。

登山杖

不要小看登山杖，它可以幫你省不少力。我這次只用一根也覺得夠，但想更省力的話可以買兩根，我在途中看到不少歐洲人都拿兩根，尤其是自己背行李的人。

太陽眼鏡

記得帶去尼泊爾，因為在當地很難買到高品質的，我先後買了兩副，兩副都破了。選擇堅固之餘有效防風的太陽眼鏡，配合偏光及真正能防 UV 的鏡片，雖然有齊這些功能而又好看的很難找，但真的很重要。

兩用刷毛帽

在途中發現的好物，看起來只是一個刷毛材質的保暖頸圍，但也可以把它束起來當帽子用。在風大的地方，遮住鼻子到脖子這一塊會舒服很多，但帶頸巾又重，此時兩用刷毛帽就是很好的替代品。

針織帽

要選能夠遮住耳朵的，在風大又冷的地區走路甚至睡覺時戴上，能預防頭痛。

手套

看似無關緊要，在關鍵時刻卻能救你手指一命。不要買塔美爾區那些所謂的防風手套，最好還是買有品牌的，保暖之餘還要真正能防水防風。

睡袋

出發前我也考慮過要買，但後來發現十月走安納布爾納峰環線還沒冷到需要睡袋，而且你可以要求沿途住的旅店多給一兩條棉被，通常都可以的，不過也可能是因為今年遊客少，所以自己衡量吧。

⑥ 女性用品

運動內衣

除了舒適及速乾兩個原因，更因為沿途經常需要晒衣服，我們甚至常在吃午餐時就把衣服放出來晒，在這個時候就會覺得帶運動內衣很明智，因為尷尬程度差很遠。

女性衛生濕紙巾

在沒辦法洗澡時，我們唯一的堅持就是使用它。

衛生綿

體積非常令人討厭，但長途徒步多半需要用，而沿途很難買到，不帶不行。也有人推薦用棉條，通常是外國人，因為比較乾爽，但不是人人都能接受。

最後，也掛一個求生哨子在背包上吧！還可以帶一盒火柴甚至打火石、點火棒及助火栓等生火工具。雖然安納布爾納峰環線沿途有不少村落，不算荒蕪，但畢竟徒步是有危險性的活動，當不幸有意外發生時，這兩件小東西就可以救你一命，所以還是值得帶上的。

三　找一個陪你度過這二十天的人

來到加德滿都的第二天早上，我們睡眼惺忪地從樓梯上走下來，將會陪伴我們快一個月的徒步嚮導 Krishna 已在旅館大廳等我們了。

Krishna 是一個典型的尼泊爾名字，走在加德滿都街頭，不時看到以 Krishna 開頭的店名，可能是 Krishna 麵包坊，也可能是 Krishna 洗衣店，但他長得不像我們印象中的尼泊爾人，反而有點華人的樣子。奇妙的是，第一眼看到他就直覺認為他是個可靠的人，也許是因為長相老實，也許是因為說話方式誠懇，又或許只是單憑感覺，我們很快就覺得自己可以信任這個人。其實兩名女生去徒步快二十天，還請一名男嚮導和一名男背夫，這個決定是有風險的，因此我曾經想過找一家標榜女嚮導的旅行社，但現在這家旅行社的負責人是凱琪認識的，也就放心了。

一開始當然是寒暄幾句，互相自我介紹，然後就在我們吃早餐的同時，Krishna 向我們講解行程以及一些注意事項，邊吃邊聊，氣氛輕鬆，結果拖了很久，才終於出門去買徒步裝備。

看著 Krishna 很有目標地快步向前走，我們就在後面跟著，一起進了第一家店，開始挑衣服。原來購物時有男生在真的會有壓力，我們其實很想慢慢挑好看的款式和顏色，又怕時間拖太長，畢竟還有一大堆裝備要買。此時，他的電話響起了，原

來是旅行社的老闆娘，也就是凱琪朋友的媽媽，她想跟我們見一面。

一輛轎車駛至，老闆娘以貴婦打扮出現，車上還有一名私人司機，到了旅行社，居然是藏身於住宅區內的辦公室，面積不小。老闆娘帶我們到不同的部門看看，最後來到經理房坐下聊天。

祕書小姐送來茶和餅乾，經理跟我們聊到之後的行程。他說到尼泊爾的戶外活動特別興奮，一直推薦我們徒步後去玩滑翔傘和漂流，其實這也是在計畫之內，還有奇特旺國家公園（Chitwan National Park）！那是全亞洲最有名的野生動物觀賞地之一，可惜通常只有昂貴的套裝行程。最後，我們一致認同尼泊爾是個精彩的旅行目的地——不僅擁有全世界十四座八千米以上高山中的八座，還有加德滿都山谷的歷史和文化、精彩的徒步路線、原始森林中的珍貴野生動物、著名的佛教朝聖地，只恨沒有更多時間可以去完所有地方。

回到塔美爾區繼續買，結果我們跑了幾家店才把裝備買齊——衣服、登山襪、登山杖、手套、保暖褲、太陽眼鏡、頭燈，後來發現有Krishna在旁也有好處，畢竟他徒步經驗豐富，比我們更清楚自己需要什麼，更可請店家打折。雖然塔美爾區的店家本來就有打折的習慣，他們喜歡開高價，等你回價，喜歡殺價的人在這裡應該可以獲得很大的成就感。

下午才告別，第二天一大清早又見到Krishna了，我們一起坐了六小時的車，來到安納布爾納峰環線的傳統起點Besisahar。現在這個喧鬧的村落成了交通中轉站，再也沒有徒步人士在此研究地圖準備上山，只見嚮導四處打探前往某地的交通。

我們被Krishna安置在一家小餐廳，他不時送來最新的「交通消息」，直到一次他跑過來說有公車來了！我們就趕緊背起背包，手忙腳亂地跟著他擠上往Khudi的公車。

在車上，我們終於與背夫Dawa見面了。他不會英文，只笑笑跟我們打招呼，無辜的大眼睛，帶點尷尬的傻笑，看來也是一個容易相處的人。從名字就可以看出Dawa是夏爾巴人（Sherpas），就是主要居住在喜馬拉雅山脈兩側高山地區的民族，因為Dawa在夏爾巴語中是「星期一」的意思，夏爾巴人有時候會以嬰兒的出生日子來為他命名。

背著沉重的行李爬山，有時在烈日下，有時在寒風中，日復一日，年復一年，想想已經覺得辛苦，但現在仍有不少尼泊爾人在當背夫。這些背夫多半來自低收入

家庭，在一個依賴寺院提供基礎教育的國家中，少有接受教育的機會，只能從事以勞力換取金錢的工作。而正是因為這份工作容易被取代，工資其實也不高，卻總是要在缺乏保障的情況下工作，有些背夫甚至只穿一雙拖鞋，拿個塑膠袋擋雨，帶著很少的行裝就上路了。要是在旅途中不幸生病或受傷，由於沒有保險，也沒有法例保護，他們大多只是被即時遣散，失去收入，還得自行找方法下山治病。當然現在的情況有所改善，但背夫的權益仍然受到忽視。聽過太多背夫缺乏保障的事例，使我們在出發前掙扎了許久，到底該不該請背夫呢？

既然行李是自己的，就應該自己背，雖然是付錢請人，也知道這是他們的生計，但把自己的負擔加諸在別人身上，總有一種讓他人替自己受苦的不安。一路上看著Dawa要同時背我們的背包和自己的背包，實在不忍心。幸好他的狀態不錯，

該有的裝備都有，帶的行李甚至比我們的還多，有一次看到他從背包中拿出另一雙徒步鞋來換，我們都笑了。

其實請背夫一事並沒有對錯之分，重要的是確保所聘請的人能得到合理的收入，不管是背夫，還是徒步嚮導，他們都應該在合理的工作環境下工作，得到應有的保障。而我可以確定的是，這次要是沒有他們，我們應該無法成功。

如果要比喻，我總覺得Krishna像爸爸，而Dawa像玩伴——喜歡開玩笑，到處湊熱鬧。其實Krishna才二十九歲，只比我們大五歲，但他從二十歲就開始帶各國遊客徒步，走遍尼泊爾大大小小的徒步路線，也許就是因為這九年的經歷，他處事特別成熟。

徒步本身就是具有危險性的

活動，尤其在高海拔地區，外至天氣因素，內至身體狀況，隨時都有可能出問題，那時候徒步嚮導就必須隨機應變，即時判斷情況，給予遊客建議，甚至幫他們下決定。聽 Krishna 講以前處理過的事，大至遇上天然災害要求生，小至情侶吵架要勸架，最近的一次就發生在我們的旅程結束之後，當時他的大哥正帶一團人走相同路線，其中有人在馬南患上高山症，Krishna 就一大清早坐直升機到山上幫忙救人。

在尼泊爾當個徒步嚮導實在不簡單，除了指引方向、介紹沿途的人事物、安排食宿和規劃行程等嚮導的職責，有時還要充當翻譯，幫忙跟當地人溝通。有時候還要扮演醫生，像 Krishna 就隨身帶著一大包藥，不管是生病還是扭傷，他都會第一時間幫我們處理。其實我們一直覺得他只要把嚮導的工作做好就好，他卻常把侍應的工作都做了，每當我們身體不舒服或路途太艱辛時，他還會幫我們背些行李。在挑戰 Thorong La 隘口那天，他和 Dawa 更二話不說，就拿他們的厚手套與我們的垃圾手套交換。因此我常說，如果沒有他們，我們大概早就放棄了。

其實，依我們的標準來看，徒步嚮導一天二十五美金，背夫一天十五美金，薪水實在微薄。因此，我們總覺得他們所做的工作遠超出所得收入。除了徒步期間無微不至的照顧，即使在徒步結束之後，Krishna 還帶我們在博克拉觀光，回到加德滿都後，不僅招待我們到他家作客、一有空就來找我們吃飯、幫忙訂往西藏的機票，最後還送我們到機場。而我們能做的，也許只是多給一些小費。

不過，每次與 Krishna 聊天都感受到他很喜歡這份工作，言談間總透露出以此工作為榮的意思。我們開玩笑地問他現在是不是全旅行社最厲害的嚮導，他帶點自豪地說目前排名第二。後來到他家聚會，等吃飯時無所事事，他就拿出以前的證書給我們看，成績都很厲害。其實單是會德文已經令我們很佩服了，他說，現在只會英文在嚮導界已無法競爭。回想我們自己，明明有這麼多學習語言的機會，能說得流利的還是只有中、英文，不禁感到慚愧。

也許在資源匱乏的地方，人反而會更上進，又或者應該說是不得不為了改善自己的生活而努力。尼泊爾的教育制度發展得很晚，在一九五一年之前，寺院是主要提供教育的地方，印度教寺廟的教育重視梵文語言，對象為高級種姓的人，佛教寺院的教育則重視佛教儀式、修行和數學，並接納所有人。Krishna 正是在一所寺院長大的，當了十年的小喇嘛，後來才再去進修，考取導遊執照，開始他的九年嚮導生涯。

一年大部分時間都在山上，這對我們這些城市人來說難以想像，卻是不少尼泊爾人的生活常態。要留在國內工作，彷佛免不了要與旅遊業扯上關係。就像 Krishna 一家，他的老家就位於著名的珠峰基地營附近，大哥更與他一起在同一家旅行社任職徒步嚮導。徒步期間，常聽到 Krishna 說我們去的某家旅館或餐廳是他的親戚經營的，感覺我們的徒步旅程也是他的探親之旅。有趣的是，他的太太也與旅遊業相關，以前曾經營旅館，二人就是在工作中認識的，現在剛當爸爸媽媽。

跟許多在外打拼的尼泊爾人一樣，Krishna 夫婦有兩個家，一個在加德滿都，是一間只在徒步旺季時租住的小套房，方便工作，淡季時因少有生意，就乾脆回老家了。

這在尼泊爾十分常見，年邁的父母親留守老家，年輕人出外工作養家。根據中央統計局的資料，全國有過半數家庭正接收匯款，而總匯款金額占這些家庭的總收入三成。在這些接收匯款的家庭中，其中兩成是接收來自國內城市，如加德滿都或

博克拉的匯款，而更值得注意的是其餘八成來自國外，多半是印度、中東國家和馬來西亞。**Krishna** 曾經開玩笑地說了一些事例，關於有些太太趁丈夫到其他國家打拼時，在加德滿都或博克拉花丈夫寄回來的錢享樂。雖然是玩笑，但也證明了這個現象已成了許多尼泊爾家庭的相處模式。仔細一想也挺悲傷的，要不是在國內無法謀生，誰又會想與家人分離，離鄉背井到陌生的國家工作呢？

不過，這些從國外而來的匯款不止成為不少家庭的經濟支柱，讓他們可以有資金從事更有生產力的活動、有條件參與長期投資如教育和房屋，也可以是國家經濟發展的助力。根據世界銀行在二〇〇七年出版的一份報告，與就業相關的移民和隨之而來的匯款成功助尼泊爾減少貧窮。更確切地說，要是這些移民和匯款的數量維持在一九九五年的水平，現代的貧窮指數將會上升百分之三十到百分之三十二。

而其實，與就業相關的移民由來已久，約在兩百年前，英國人就開始徵召尼泊爾男人加入英國軍隊，在印度獨立後，尼泊爾人也成為當地軍隊的一分子。

與 Krishna 和 Dawa 在山上相處了快二十天，跟他們之間的關係早就變成朋友了，可以互相開玩笑、分享食物。清楚記得抵達 5416 米 Thorong La 隘口的那一刻，忍不住互相擁抱，當下特別意識到我們是一個團隊，一起完成了一個艱巨的任務。

我們很幸運，能找到兩位盡責的同伴陪我們度過這二十天。然而對我來說，更難得的是找到一個可以一起去三個月長途旅行的朋友，還願意與我一起徒步二十天。能夠一起面對旅途中的不適、困難、意外，完成整趟旅程而不翻臉，這只有真正的好朋友才做得到。

這一個信念很重要，因為在長途旅行中，尤其是徒步途中，總有一些時刻是會很想殺死對方的。只要問問曾經一起去長途旅行的人，他們都一定可以跟你訴說幾個這種時刻。但只要你知道洩一時之憤不比維繫關係重要，就會忍著不說出那些令對方難受的話，而往往待情緒過後回想，那件令你當下很火大的事其實根本不重要。

因此，我常常很羨慕可以一起去背包旅行的情侶，像是在徒步期間常看到的西方背包客，不少拿著地圖就出發，相信他們比我們更常遇到意見不合的時候，而一起徒步也意味著兩個人都必須拋開一切偽裝，必須拿出真實的自己相處。這對很多情侶來說也許很可怕，因為有時候偽裝是為了製造空間，讓關係可以繼續下去。相反地，當兩個人要天天見面，時時刻刻看到對方，總會看到對方不好的地方，此時能否克服內心的不滿就視乎你有多愛對方，或者處事有多成熟。但如果連這二十天都可以一起度過，要相處一輩子就不難了，所以對我來說，這一項就打敗了所有擇偶條件，只是要找到能陪你度過這二十天的人談何容易！

四　日出而作，日入而息

坐在破舊的公車中，行李被綁在車頂上，與我們一同在碎石路上「跳動」前進。公車直接駛到 Khudi 村口，本以為我們會住在村內，但走過了一家又一家看似日久失修的旅店後，發現徒步嚮導 Krishna 正帶我們走向河邊。

來到一間位於河邊的老舊小屋，原來就是我們今晚住的地方。入內一看，以木板間隔的房間雖然簡陋但還算舒適，起碼有蚊帳。放下行李後，我們坐在竹蓆上等吃飯，一邊喝著老闆娘準備的茶，一聊之下得知她居然是在香港出生的，只是之後從未回去過。但想想也不奇怪，從英國殖民時期開始，尼泊爾軍人就開始在香港服役，他們的後裔在回歸後可獲得港人身分，於是不少人留了下來，使這兩個相距甚遠的地方之間仍留有一絲淵源。

老闆娘準備的晚餐是我們最愛的達八（Dal Bhat），其實當時初來尼泊爾的我們也沒嘗過多少當地美食，但在加德滿都吃過達八後就上癮了。在尼泊爾語中，「Dal」的意思是豆，「Bhat」的意思是飯，但合起來卻不止是豆跟飯，通常還會有咖哩為主菜，有葷有素，有時還會有更多配菜，可以很簡單，也可以很豐富，變化無窮。這算是尼泊爾最普遍的餐點，到處都能找到。

飯後，我拿著一袋衣服和盥洗用具在草地上走，四周一片漆黑，唯一的光線來

自我頭上的頭燈，總覺得腳上癢癢的，不禁開始胡思亂想，這草地上該不會有蛇吧？加快腳步走到浴室，正當我把東西放下，準備拿下頭燈之際，光線照射到牆上，天啊！居然有一隻大蜘蛛！

幸好浴室的範圍頗大，我沒有勇氣處理那隻身軀大如拇指的蜘蛛，又不能不洗澡，只能一邊洗一邊瞪著牠，敵不動，我不動，趕快洗完，就衝回房間向凱琪報告這個噩耗。雖然在出發前已有心理準備，但實際看到第一晚的住宿環境，還是忍不住想之後是否都會是這樣。

一大清早，我們就聽到Krishna的敲門聲了，也太早了吧！眼睛都睜不開，完全不想起床。幾秒後，敲門聲變成一聲聲「Good morning」，看來他在還沒見到我們之前是不會走的了，只好認命地起床開門。此後，這個程序每天都要重覆一次，因為Krishna要我們七、八點出發，一開始是為了避開中午猛烈的陽光，後來是為了避開起風的時間，偏偏我們這兩個不折不扣的城市人不習慣早起，每天早上都在賴床，他就只好「Good morning」到我們起來為止。這個「Good morning」帶有一個獨特的腔調，我們私底下都笑說他的聲音很煩，但心裡還是感激他如此堅持。如果沒有他在，我們大概會每天睡到中午才起床，每到一座村子就住一晚吧！

從晚睡晚起到「日出而作，日入而息」，生活規律是我們第一項要適應的事。起床後強逼自己睜大眼睛，把冰涼的隱形眼鏡塞進去，沒辦法，太陽太大了，必須戴太陽眼鏡。但即使深色鏡片已經中和了過度猛烈的陽光，皮膚上的炙熱感無法騙人。在烈日下爬山，汗如雨下，平常幾乎不運動，一次補回過去二十年的運動量，我們一時也難以習慣。

出發前聽說安納布爾納峰環線今非昔比，首段不坐車的話，只能走跟吉普車共用的泥沙路，上路後卻發現並不盡然。除了一開始經過一個中國水電工程外，之後走的幾乎都是連接村莊的山路。我們走在搖搖欲墜的吊橋上，從峽谷的一端走到另一端，風把繫在橋上的風馬旗吹得隆隆作響，往下一看竟是湍急河流。我們穿過樹林，走過一座座村莊，出現在眼前的是清一色的翠綠，大半來自一幅又一幅綿延不絕的梯田，這是低海拔地區獨有的景觀。

中午停在一家雜貨店前，Krishna宣布現在是午餐時間。我們坐在一個戶外的亭子中，看著外面炙熱的陽光，決定試一下特地帶來的太陽能板，只需把它放在太陽直接照射到的地方，連接行動電源，等它慢慢充電即可。比較麻煩的是衣服，經過一晚後仍然未乾，好像應該趁現在把它拿到陽光中晒，但當中有內衣、內褲，拿

出來確實有點尷尬，同行還有兩名男士，但最後還是豁出去了！把它們攤放在陽光下，自己卻忍不住一直笑，看來 Krishna 和 Dawa 很快就會發現我們是沒有形象的了。

洗晒衣服後來成了我們徒步生活中一個重要部分，為了盡量減少行李，我們帶了很少衣服，因此每天到了旅館要做的第一件事就是洗衣服。一開始是在浴室，後來發現不少徒步旅店的外面都會有個小石台，上面有座水龍頭，原來是可以用來洗衣服的。我們通常就在流水下用洗衣皂搓洗衣服，但有時比較幸運，在旅店發現桶子，放進衣服和洗衣粉就可以去做別的事了。此時特別覺得洗衣機這個發明很偉大，省下不少累人的工作，但想到當地仍有許多人得天天手洗大量衣服，就不禁為這個想法而感

到慚愧，我們這些在城市長大的人確實被寵壞了。

習慣是很神奇的，當我們習慣了天天手洗衣服的日子，一開始的抗拒就變成了後來的苦中作樂。記得有一次我們向旅店借桶子，員工帶我們到廚房，當時幾位姐姐正在洗碗，他就拿了其中一個洗碗用桶子，稍微洗了洗就給我們。也不想桶子之前是拿來裝什麼的，我們就在旁邊洗起衣服來，在廚房洗衣服，旁邊還有人在洗碗，也是一個特別的體驗。

到了晒衣服的時候，就是衣夾子搶奪戰的開始。有些旅館會有一個類似天台的地方，掛滿晒衣繩，有些甚至會在房前掛上，方便房客使用。但上面的衣夾子往往數量有限，搶不到就只能想別的辦法防止衣服飛走，像我們通常會使用登山扣把幾件衣服的帶子扣在一起，並固定在繩上，這樣即使它們被風吹得東倒西歪，起碼不會掉到地上。

太陽下山之前，我們來到了今天的落

腳村莊 Syange，看到住宿的地方大吃一驚，比昨晚住宿的地方更像旅館！色彩繽紛的外牆之內，是一間間簡單但舒適的房間，還有坐廁和真正的浴室，外面有一個漂亮的小庭園，不少徒步人士正在那邊歇息或用餐，往外走幾步還能欣賞附近瀑布的景色。

回想沿途的路況，可以想像運輸物資到山上並不容易，因此原本以為住宿品質會因山上資源匱乏而更差，怎料是相反，隨著海拔上升，住宿環境一再使我們驚豔。我想是因為道路修建的關係，導致現在的遊客多半跳過 Khudi 甚至 Syange，直接前往更高海拔的地區，所以那些地方的住宿品質反而因日久失修而退步了。這個反常的現象算是旅遊業帶給安納布爾納峰地區最明顯的改變，另一例子是飲食，繼第一晚吃過達八後，之後的餐點幾乎都是西式食物——各式意大利麵、薄餅、春捲。其實不止在安納布爾納峰地區，我們在加德滿都也發現到處都是西式餐點，比其他國家的旅遊區更嚴重。

外來文化改變了尼泊爾鄉村的面貌，同時亦在不知不覺中改變了當地人的生活方式和想法，例如現在的父母都會希望孩子接受教育，而到寺院去當僧侶。這幾乎是在任何地區發展旅遊業的必然結果，只是在山區尤其明顯，因為當地保留了更多傳統的思想，外來文化所帶來的衝擊和改變自然就更大了。

離開海拔１１００米的Syange後，我們暫時躲開了刺眼的陽光，在山谷的陰影中，沿溪流而上，與牛群擦身而過。爬到頂點後回首來路，景色豁然開朗。

Krishan宣布休息，遞給我們兩顆水果，愛湊熱鬧的Dawa立刻跟附近雜貨店的人打成一片，氣氛輕鬆，凱琪更放鬆到從椅子上跌了下來。而我這個損友居然立刻拿起相機拍下她大笑的狼狽模樣，拿給Krishna和Dawa看，氣氛一下子就熱絡起來。

玩鬧過後，大家又充滿精力了，連一直在我們面前表現拘謹的Dawa都不正經了起來，我開玩笑地對凱琪說：「糟了！我們把Dawa的真性情引出來了！」

重新出發後，我們繼續爬山，直到正式進入馬南區，表示將要抵達我們的目的地Tal了。但在正式進入村莊之前，我們發現眼前有幾座大如小山的石堆，好奇詢問Krishna，竟是四月大地震造成的。他當時剛好在此區域，地震一發生，只能憑著直覺和經驗選走安全的地方，帶著其他遊客一同走避落石。頓時之間，我們覺得自己真的是溫室中長大的小孩，香港是一個幸運的地方，要不是在台北住過幾個月，我大概永遠都不會感受到地震的可怕。

在尼泊爾語中，Tal的意思是湖，因為以前整個谷地是一座湖，現在則變成了一座漂亮的小村莊。

TO

WELCOME TO

既是谷地，自然有群山環繞，難怪天氣涼爽。置身其中，心情就會不自覺地愉快起來。

這是我們目前到過最令人興奮的地方，村外是將近乾涸的河，露出大片鋪著白沙的河床，像沙灘般可供人行走。走進村內，一家家色彩鮮豔的小屋出現眼前，屋前往往有可愛的大狗，正懶洋洋地趴睡著。

當天晚上，我們就睡在其中一間可愛小屋中，但到了這裡，已經沒有網路可以使用了。習慣了在睡前滑手機、看影片，出發之後幾乎每天都會上網分享心情或見聞，現在當然會不習慣。但回想以前的旅行，自從開始一個人旅行後，就習慣隨時拍照、拍影片，只要能上網，就會天天到社群網站貼文分享，也許是為了彌補沒有旅伴的空虛，或是希望回來之後還有些實在的紀錄可以

回味，但也令旅行變得像工作。現在網路變成了奢侈品，我們反而可以真正放鬆下來，邊聊天邊吃飯，飯後若還不想睡，就到處走走。

Tal的海拔已達1700米，入夜後天氣變涼，我們經過廚房，忍不住被爐火吸引進去，驚見Krishna和Dawa，原來那是嚮導和背夫的「小天地」。

前兩天晚上一直邀他們跟我們一起吃晚餐，他們總是笑著婉拒，後來才解釋，其實是因為餐廳總是先準備遊客的食物，然後再準備嚮導和背夫的食物，讓他們在廚房吃。當時一聽，我們的第一個反應是忿忿不平，總覺得這個制度帶點歧視的意味。但此時一看，他們可以用自己的語言說說笑笑，吃著習慣的尼泊爾餐點，也未嘗不是一種休息。

既然走到了門口，就厚著臉皮進去，Krishna和Dawa看到我們先是有點驚訝，但訝異很快就轉化成熱情，邀請我們坐下，其他的嚮導和背夫也很配合地往旁邊挪，空出兩個座位。當時兩名同伴正在吃飯，他們說那是達八，但看起來比一般遊客吃的要樸素許多，主要真的就是飯跟豆子，最多再加一份咖哩。不過Dawa有他的祕密武器，罐子一打開，辣味撲鼻而來，裡面竟是一根根辣椒。看著他用手抓了一口飯，再拿起辣椒咬一口，面不改色，我們忍不住問了一句：「你不覺得辣嗎？」

飯後，我們圍在火爐邊，一邊取暖，一邊天南地北地聊天。原來偏遠的馬南區與千里之外的香港也甚有淵源，以前兩地之間居然有黃金交易。又不知道為何談到尼泊爾美食，Krishna笑說尼泊爾菜容易令人肥胖，很多加德滿都的女人，就坐在家裡邊吃邊看電視，就在不知不覺間變胖了。說到吃，現在因為印度關閉了邊境，城市中正爆發燃油危機，但Krishna的家鄉位處山區，用柴火煮食，反倒只有鹽受影響。

一連兩晚，我們都跑進廚房找他們，這些溫馨畫面，反而成了徒步之旅中最難忘的片段之一。我們這些從外地來的遊客，總覺得公平就是讓同伴和我們享有同樣待遇，但換個角度想，說不定是我們應該主動參與他們的生活，也許這對他們來說才是真正的尊重吧！

五　高海拔挑戰

記得在出發之前，我曾向身邊的朋友提及此行重點是安納布爾納峰環線。大部分人聽到要在高海拔地區徒步，最高點還高達5416米，都露出難以置信的表情。其實別說他們不相信，連我們自己也不太相信。在寥寥可數的幾次「行前練習」中，我們走了區區幾小時就已經覺得很累，當時不禁問了將會跟我一起出發的凱琪一句話：「其實我們的決定是不是太瘋狂了？」

然而就在出發幾天後，神奇的事發生了。我們發現身上的肌肉漸漸適應爬山的節奏，腳步變得更輕盈，拖著沉重身驅步行的感覺也慢慢消失了。這個驚喜的發現使我們精神大振，在一天之內追回最初幾天落後的進度。從Tal出發，下午三點半就到了通往Lower Pisang及Upper Pisang的分叉口Dhukur Pokhari。

我們的徒步嚮導Krishna建議繼續沿河邊走，四十分鐘的平路，今晚先住在3200米的Lower Pisang，明天才繞別的路回Upper Pisang。但走到Lower Pisang後，我們看著僅一河之隔的山丘，Krishna指著山上那個聚落說：「那就是Upper Pisang，你們想繼續嗎？」看起來好像不遠，好吧，衝了！

事實證明用眼睛判斷距離永遠不可靠，尤其是在爬山時。就在我們走過搖搖欲墜的吊橋後，才發現自己要面對的是超過三十度的山坡，那個現在位於我們頭頂的

Upper Pisang 突然變得遙不可及。

可能是因為在沿海地區長大，我們對高海拔懷有恐懼。此時剛踏入高海拔地區，一開始往上爬就發現比在平地辛苦很多，好像不大口喘氣就無法呼吸，彷彿吸入肺部的只是乾燥的冷空氣，當中沒有令人舒服的氧氣成分。即使我們想速戰速決，加快腳步，走沒兩步就開始頭痛，不禁一直抬頭看前方，卻總發現目的地仍在遠處，那沒盡頭似的上山之路彷彿在告訴我們：「放棄吧！你們永遠都不會走到終點。」

幸好爬山是一項相當公平的運動，因為辛苦總有回報。在我們終於走到了 Upper Pisang 之後，穿梭在藏式老房子之間尋找住宿，偶爾回頭看看，山下的景物彷彿被微縮處理了，小片小片的田地從河的兩岸蔓延開來，整個河谷被高山包圍著，而我們正在往高山的路上，俯視曾經走過的路。

走進旅館，溫暖的木質房間正等著我們，可惜公共浴室只有一個。凱琪說她想先洗澡，剛好我想趁天還亮出去拍照、拍影片，於是我抓了攝影器材就衝出門了。Upper Pisang 是典型的藏式村莊，由石頭推砌而成的房子一家接一家，房子之間的路窄而彎曲，像個迷宮，彷彿一走進去就會穿梭到千年之前。

回到房間，正打算與凱琪分享拍到的東西，卻發現她神色有異，彷彿看到一股怨氣從她身上飄出來，果然她隨即開口：「你知不知道你剛剛做了什麼？」

好恐怖的開頭，但我絞盡腦汁也想不出來自己做錯了什麼。她解釋，原來這房間的設計很奇怪，一但門關上了，就只能從外面開啟，所以我剛剛連看都沒看就出去，順手就把她鎖在房內了。天啊！剛剛她被關在房內時應該很想殺了我。

行事衝動有行事衝動的好處，但通常都伴隨著粗心大意，如果把我放在電影中，我一定不會是十項全能的主角，也不會是十惡不赦的大魔王，而是一心想拯救世界，卻會因按錯鈕而毀滅世界的角色。相比之下，凱琪處事比較小心，善於交際的她也比較容易跟新認識的人打成一片，所以每到需要與人交談的時候，負責談話的人通常都是她。也許就是因為有不同但互補的個性，我們才能夠在旅途中長期相處吧。

從 Pisang 開始，前往馬南的路一分為二。我們選擇了所謂的「High Trail」，先從 Upper Pisang 爬上 3730 米的 Ghyaru，再下行至 3680 米的 Ngawal 住一晚，爬得高，住得低，有助於適應海拔上升，也因為兩地的海拔都比馬南（3540 米）高，所以不需要在後者多待一天。

踏入徒步的第六天，依然是在

清晨出發。經過昨天的爬坡後，本來已經全身痠痛，一上路卻發現今天要面對的四百多公尺爬升比想像中困難。看著身旁的歐洲人仍然健步如飛，一直超越我們，前方的Z型山路卻沒完沒了。爬升至Ghyaru的一段遠遠超出了我們的能力範圍，但自己選的路，跪著也要把它走完，我們像老太婆一樣一步一步往上走，最終還是走到了。

大概是為了獎勵成功爬到Ghyaru的徒步人士，村口設有一個觀景台之類的地方，站在上面，眼前就是雪山，經過四百多公尺的爬升後，我們好像離那遙不可及的雪山又近了一些。此時才體會到熱愛登山者的心情，也許就是要腳踏實地去經歷那些痛苦，才能獲得同樣實在的滿足感。

繼續前往Ngawal的路程相對輕鬆，我們比較有心情去觀看沿途令人屏息的美景。看著底下的河谷，不禁慶幸自己選擇了這條路線，因為在河邊走跟在山上俯瞰河谷是兩回事，看到的景色截然不同，後者當然更為壯麗。

與 Upper Pisang 和 Ghyaru 一樣，我們今天的目的地 Ngawal 也是藏式村莊，村內的一切彷彿停留在古時候，歷史悠久的佛塔被轉經筒環繞著，隨處可見藏傳佛教的風馬旗、嘛呢石及嘛呢堆，穿梭其中，很難想像自己其實身在二〇一五年。事實上，村內那些老房子的主人的確大多是西藏人，在徒步旺季經營旅館，淡季時種冬蟲夏草，出口至中國，甚至是香港。

相鄰的地理位置，使尼泊爾北部和西藏自古以來就有密不可分的連結，以往木斯塘地區的居民，甚至可以隨時越過邊界到西藏放牧，這個「特權」一直延續到二十世紀七十年代，中國政府才加以限制。如今，兩地之間的連結除了反映在高海拔村莊的建築樣式上，更明顯的是宗教。西藏的佛教是從印度經尼泊爾所傳入，至今尼泊爾雖然是全球唯一一個以印度教為國教的國家，超過八成人口是印度教徒，但仍有近一成的人口跟藏人信奉同樣的宗教。

如果說 Ghyaru 和 Ngawal 的美，來自與世隔絕的地理位置，馬南的魅力就是來自它的熱鬧。

馬南可以說是安納布爾納峰環線東邊住宿選擇最多的村莊，也是沿途最佳的補給站，因為村內有不少徒步商店，甚至是小型電影院。走不同路線的徒步人士在此相會，住進大大小小各式各樣旅館之中，我們也不例外。Krishna 帶我們到他親戚經營的旅館，這裡有全村第一家、也是最好的一家德國麵包坊——餅乾、肉桂捲、蘋果派、巧克力布朗尼以及各式蛋糕，我們終於可以痛痛快快地洗熱水澡，喝一碗

簡單但味道令人驚艷的大蒜湯，飯後還有新鮮出爐的蛋糕當作甜點。

這是在徒步旅程中唯一給人度假感覺的地方，令人不禁想停下腳步，因此，當 Krishna 建議我們多住一晚，以便能更好適應高海拔環境，我們二話不說就答應了。

痛痛快快地睡了一覺，本來打算睡到自然醒，沒想到還是一大早就聽到 Krishna 的「Good morning」。看來在這多出來的一天中，Krishna 也沒打算讓我們閒著。

今天的活動是「acclimatization walk」，這是適應高山反應的最佳方法，其實就是爬到更高的地方再回來，因此，我們的第一個目的地就是一座山上寺院 Praken Gompa。

路比想像中難走，既陡峭又凹凸不平，我們已經沒帶行李，還是邊走邊喘氣。Praken Gompa 這所藏

傳佛教寺院，竟有五百年歷史，本由百歲喇嘛主持，但我們去的時候他不在，所以由她的女兒接待我們。進入寺院後，我們坐在小小的廳堂喝茶，一邊看著有三百年歷史的唐卡，一邊跟百歲喇嘛的女兒聊天。

離開之前，她在我們的脖子上繫上繩子，同時為我們祈福。宗教的力量很神奇，縱使我們不是信徒，聽著她低沉而平穩的誦經聲，心情就不自覺地平靜下來。**Krishna** 說，剛剛她是在祝願我們接下來的旅途平安，不知怎的，我真的相信會成真。

下午，**Krishna** 帶我們到安納布爾納湖，看到湖中的水源自冰川，忍不住用手沾了一下冰冷的湖水，還有湖邊那柔軟得像面膜的泥。我們開玩笑地說，要是拿這些泥來敷臉，護膚效果一定不錯。

走回馬南，正好遇上牧羊人趕羊。羊群看似失控的野馬，一邊「咩——咩——」地叫，一邊往前衝，瞬間打破了古村恬靜的氣氛，吸引了所有途人的注意。仔細一看，長著長毛的羊身上掛著鈴鐺，短短的腿奮力往前跑，十分可愛。但在看似一片混亂中，羊群仍是向著同一方向跑，沒有一隻離群，難怪我們會用「羊群心理」去形容隨波逐流的人。

尼泊爾人的生活方式往往由大自然決定，如果以地理環境劃分，南部有最肥沃的平原，可謂尼泊爾的「糧倉」，全國有六成左右的耕地位於南部。位於中部地區的加德滿都山谷，一直以來是尼泊爾的政治及文化中心，也是整個國家氣候最宜人、人口最多的地方。至於我們身處的北部就是高山地區，鄰近喜馬拉雅山脈，高海拔環境加上地形限制，

不便農耕，因此當地人自古以來多像藏人一樣，以遊牧方式生活，而動物對他們來說就是最重要的財產，不只可以提供食物，也是山區最有效的運輸工具，更可用作交易山區無法生產的物品。

在馬南休息了一天，我們的體力恢復不少，準備迎接真正的高海拔挑戰。今天的目標是海拔四千米左右的Yak Kharka，沿途景色更美了。在還沒來到這裡之前，很難想像世上有這樣的地方，一路上只見高山、峽谷，不像小橋流水般令人放鬆，而是令人驚嘆，心生肅然之感，突然明白為何居於高山地區的民族特別崇敬自然。不過出發不久就遇上因頭痛而折返的人，高山反應的陰影仍然揮之不去。一到旅館，我們瑟縮在被窩中，把自己包得緊緊的，遠看像兩隻蟬，只是不打算破殼而出。

踏入海拔四千米以上的地區，天氣更冷，晚上放棄洗澡，吃完飯直接躲進被窩，為了預防頭痛，只好戴著毛帽睡覺。奇怪的是我們明明很累，卻睡不著，原來這也是高山反應之一。

不幸的是白天還是要不斷爬山，來到 Thorong Phedi 後，由於明天就要挑戰 Thorong La 了，海拔上升接近一千米，Krishna 堅持要來一個「acclimatization walk」。結果我們累得半死，每走兩步就休息，他還是健步如飛，如履平地，到底是什麼身體構造啊！不知道要經過多少次徒步，才能練成這樣的境界呢？

不過相比起身體狀況，我們更擔心天氣。天色陰沉了好幾天，回到 Thorong Phedi 的旅館後，天終於開始下雪了。初次看雪，本來應該是很興奮的，但想到 Krishna 曾說如果天氣太壞，可能要在此多留一晚，我們就開心不起來了。

凌晨兩點，手機鬧鐘響起。雖然還沒聽到 Krishna 往常的敲門聲，我們卻比任何時候都準時起床，勇敢地拉開棉被，迎接４５００米的冷空氣。因為這是整趟徒步旅程中最關鍵的一天，為了在九點刮大風之前抵達 Thorong La 隘口，必須在三點前出發！

草草收拾好行李，把所有能穿的衣服穿上，戴上頭燈，走出大廳，正好看到 Krishna 在專注地唸經。這可不是一個激勵人心的畫面，不禁回想起出發前看過的新聞——二〇一四年十月十四日，一場突如其來的大風雪在 Thorong La 一帶奪走四十多條人命，剛好今天是二〇一五年十月十五日。

要出發了，外面仍然是一片漆黑，唯一的光源來自頭上的燈，但眼前除了沒盡頭似的上山之路，只見不斷落下的雪。風雪瞬間瓦解了我們的「武裝」，厚重的外

衣形同虛設，身體逐漸麻痺，雙手開始刺痛，但我們已經沒有退路了，只能硬著頭皮繼續走。

到了海拔約五千米的地方，我終於開始頭痛了。此時，眼前出現途中唯一一間小茶室，我們毫不猶豫地帶著一身寒氣走進去。狹小的空間內擠滿了人，人人摩肩擦踵，擠進去只為喝一杯茶，暖一下身子。但我想也許更重要的目的是提醒自己並不孤單，還有很多的同路人與自己一樣，感受同樣的寒冷，呼吸同樣稀薄的空氣。

從茶室出來後發現天已亮，我們忍不住被眼前的景色震懾住。腳下泥土沙石已經被積雪完全覆蓋住，配上白色的山和白色的天，我們好像在一杯茶的時間被轉移到一個白色世界，感覺像是被丟到某個異次元空間進行考驗一樣，十分超現實。但再次出發後，欣賞雪景的心情很快就消失得無影無蹤，腦中只剩下一個念頭：「既然都走到這麼遠了，絕不能功虧一簣！」

我看到了！我終於在清一色的白中看到五色經幡！就是上網搜尋 Thorong La 會看到的風馬旗。快步走上去，果然在經幡的中央有一塊標示著 5416 米的牌子：「Congratulations for the success, hope you enjoyed the trek in Manang, See you again!」

那一刻真的很激動，凱琪還忍不住哭了，大喊：「我們居然死不了！」

幾小時後，我們帶著一身疲痛來到 3800 米的 Muktinath。連續走了幾小時的陡峭山路，急降一千六百公尺，等於一座高山的高度，我們的腳趾和膝蓋痛得要命，雙腳好像已經不是自己的了，但也意味著安納布爾納峰環線中最艱苦的一段已經過去，而熱水澡正在旅館等著我們！

從三年前獨自走陸路到馬來西亞，到剛完成的單車環島，再到這次挑戰世界聞名的長途徒步路線，我好像總是忍不住被看似不可能的挑戰吸引。不知道是為了證明自己的能力，還是不甘於扮演大眾認知的女生形象，或純粹是一時衝動，這次還是不顧一切地出發了。

成功穿越 Thorong La 隘口後，我再次思考這個問題，也許會一次又一次被更難的挑戰所吸引，只是為了證明沒有什麼事情是不可能的。既然我們作為非常一般的普通人，也能完成那些看起來很難的事，那就所有人都做得到，差別只是去做還是不去做。徒步如是，生活、工作亦如是，就像面試，可怕的是事前的不安與恐懼，到了真正要開口說話的

一刻，反而會覺得沒有想像中恐怖。我只知道，如果只是因為聽起來很難而打退堂鼓，我的人生絕對會少了很多樂趣。

六　神祕木斯塘

從 Thorong La 隘口下山後，我們進入了屬於木斯塘地區的 Muktinath。

木斯塘這個詞本身就帶點神祕色彩，因為這是當地一個古國的名字，所在的位置離 Kagbeni 僅一河之隔，就是如今仍與世隔絕的上木斯塘（Upper Mustang）。這片乾燥的高海拔沙漠鄰近邊境，在歷史、文化和宗教上皆深受西藏影響，居民洛巴族（Loba）生活方式亦同樣以放牧為主，當地的動物數目甚至比人還要多。

上木斯塘對外封閉多年，雖然使當地人無法滿足很多基本生活需要，但卻保留了當地的古老建築和洛巴族人的傳統生活方式。我們的徒步嚮導 Krishna 開玩笑地說，住在上木斯塘的人，很多都一個月才洗一次澡。到了一九九二年，尼泊爾政府發現這些古老的文化能帶來商機，於是決定開放邊境，同時向所有前往上木斯塘的遊客收取高昂的費用，聲稱六成收入會用來改善當地生活。一開始的遊客人數上限是每年兩百人，但開放邊境僅兩星期不到，政府就發現需求比預計中高，立刻又把上限調高一倍，也降低了許可證的費用，六個月後，上限更上升至一千人。突然間有大量遊客湧入，為當地生活帶來不少衝擊，因此有人批評政府只為了賺錢，沒有用循序漸進的方式發展當地的旅遊業。

Krishna 說，上木斯塘有全尼泊爾最古老的寺廟。想像在一片荒涼之中，外牆

已然褪色的寺廟成了多少人的人生寄託，承載了多少代人的信仰力量，使我們不禁心往神馳。但作為外國遊客，現在要走進這個古老的國度徒步，還是要付五百美元，才能換來一張十天通行許可，門檻之高，令不少人打退堂鼓。

Muktinath 也有一座著名的寺院 Chumig Gyatsa，特別在它同時被佛教徒和印度教徒視為聖地。為了這座寺院，我們今天雖然不用趕路，但還是要六點起床，跟 Krishna 一同前往參觀。廟區比我們想像中大，還有意料之外的美景。沿途出現一片又一片樹林，泛黃的樹葉不僅長滿樹上，樹下也是由黃葉編織而成的「地毯」，美得令我們不時駐足拍照。聽說這是此寺院的其中一個神奇之處，位處如此高海拔的不毛之地，

卻長滿樹木，與四周的荒涼景色形成強烈對比。

回旅館用過早餐後正式出發，甫踏入安納布爾納峰環線西邊，眼前出現的就不再是石頭房子，而是水泥建築，還有可供車輛行走的道路。我們一路上不停看到販售毛帽跟所謂氂牛毛製圍巾的攤位，有些甚至放有織布機。織布機旁的攤販蓄勢待發，準備向路過的遊客說明這些產品的製造過程。

但走出城外，又回到了大自然的世界，只是景色與東邊的大不相同，我們暫別雪山和樹林，走進西藏般的乾燥荒原。由於木斯塘地區位於喜馬拉雅山脈的雨影之中，天氣十分乾燥，道路兩旁的景色荒涼得幾近沙漠，唯一引人注目的地方，是山壁上的一個個小圓點。Krishna 主動跟我們解釋那是山洞，以前從西藏遷居至此的人多半就住在那裡，現在則成了靈修人士的家，當中不少還是受人尊敬的高齡僧侶。

從3800米的Muktinath一路下山相對輕鬆，因此較有心情拍照，尤其是在穿過美麗的Jharkot古村時，手幾乎沒有離開過相機。不過之前爬山累積起來的疲倦和肌肉痠痛仍在，沒有因睡了一覺而減輕分毫，反而覺得更累了。走了幾個小時，眼前依然是寸草不生的路，看起來好像沒有改變過，使我們越走越沮喪。

此時，遠處出現一座被高山包圍的小村莊，Krishna說那就是我們的目的地Kagbeni。村裡的農田和蘋果樹在一片荒涼中顯得格外醒目，指引著我們不停繞彎下山。

一連兩晚，我們都住在漂亮的藏式村莊。Kagbeni和Marpha不像Muktinath，仍保留了一絲古老氣息，感覺像回到了東邊的馬南區。不同的是這一帶以蘋果聞名，到處都是蘋果樹，每家旅館都供應蘋果派、蘋果奶酥、蘋果酒等各式蘋果製品。

但在大快朵頤之前，一如以往，Krishna 在天黑之前帶我們參觀村莊。每到藏式村莊，他的藏傳佛教背景就派上用場了，說到佛教眾神如數家珍，我們也樂於跟著他參觀不同寺院。到了 Marpha 也一樣，那裡的寺院位於高處，我們得先爬一道長長的樓梯，但到了門口，Krishna 提醒我們往兩旁看，原來當時所在的位置是絕佳的觀景點，能俯瞰全村。我們驚訝地發現村中房屋的建築樣式十分相像，而且都有一個堆滿木柴的白色屋頂。Krishna 說，置於屋頂的木柴象徵財富，木柴越多，代表那家人越富有。

離開 Marpha 之後，路上明顯越來越熱鬧，原來是因為我們快到 Jomsom 了。這是安納布爾納峰環線沿途唯一有機場的地方，難怪一路上全是餐廳、旅店，更多的是吉普車和公車，因為現在多半遊客都會選擇在此結束徒步行程，不是坐飛機就是坐車回到博克拉。

我們早已決定要走畢全程，在回博克拉之前還會爬上普恩山，於是繼續往前走。接下來的路只有一條，人與車輛共用，我們走沒兩步就會聽到響號，一輛輛車在身旁駛過，頓時塵土飛揚，害我們一直咳嗽。同樣情況一再發生，心情難免煩躁，此時終於明白其他遊客選擇離開的原因。

今天的目的地是 Kalopani，這個地方有個有趣的名字。在尼泊爾語中，「Kalo」的意思是黑色，「Pani」則是水。有趣的是，我們接下來的住宿點都跟水有關，首先是 Tatopani，意指熱水，因為當地有個有名的溫泉，然後是 Ghorepani，「Ghore」的意思是馬，因為這裡在傳統上是馬隊休息、喝水的地方。晚餐時，我立即活學活

用，指著所有黑色的東西叫：「Kalo!」逗得 Krishna 和 Dawa 哈哈大笑，順道又教了我們幾個「餐桌上的尼泊爾語」，全是我們喜歡的食物，馬鈴薯的發音最簡單：「ah-lu」我們邊吃邊聊，不知不覺就吃掉了整份雞肉達八，還有件蘋果奶酥作飯後甜點，滿足！

如果我知道後果是什麼，大概就不會吃這頓晚餐了。

飯前本來已經有點不舒服，但是因為感冒。想到很快就要開始爬山，為了不影響進度，飯後吃了點藥壓著。沒想到半夜突然想吐，忍不住起來吐了幾次。整夜幾乎沒睡，到了早上，一臉蒼白，渾身乏力，又再吐了一次，嚇了剛起床的凱琪一跳。

到了出發時間，我們還是先露個面，Krishna 一看到我的臉色就知道不對勁，得知我吐了好幾次後，他說可以帶我去看醫生。雖然我不想耽誤行程，但實在渾身乏力，走不太動，於是我們草草收好行李，跟他走五到十分鐘的路到一個叫健康中心的地方。這個地方看起來實在不像醫院或診所，冷冷清清的，走進去更發現一個人都沒有。Krishna 叫我們坐在外面等，然後跑出去了，當時不知道為什麼，但身體不舒服也就沒心情多想了。

過了很久，Krishna 帶著一個人回來，原來他是去問附近的居民，找到醫生的家，把醫生叫來上班。我們跟進醫生走進簡陋的診療室，聽 Krishna 和醫生用尼泊爾語溝通了一陣子，醫生就示意我躺在床上，Krishna 說現在要打針。等一下，看醫生不是只是拿些藥而已嗎？老實說，當時在如此偏僻的地方，看著那些針頭，突然有衝動想喊停，但人都躺下了，現在拒絕會不會太過分了？

打完針還要打點滴，此時才知道要在床上躺兩小時。其實根本睡不著，只是閉

目養神而已，但在朦朧間意識到 Dawa 在幫我蓋被子，還一直把被子的邊邊角角往我身上塞，有一種睡在蛹中的錯覺。原來這個平常吊兒郎當的人，也有細心的一面。

兩小時後下床，不知道是因為打針還是打點滴，還是因為休息了一段時間，確實是精神好很多，起碼有力氣走動。不過繼續徒步還是太吃力，Krishna 提議我們坐車。我當然是沒有意見，只是我們只有四個人，租一輛吉普車很不划算，而即使肯付錢，那裡也很難找到車。

正在擔心的時候，Krishna 已跑去跟健康中心的人商量，然後不知道從哪弄來一輛吉普車，車身上標示著這是救護車。他說這是健康中心的車，比較便宜，到 Ghasa 收費兩千三百盧比。對啊！怎麼忘了我們這位嚮導是萬能的呢！

兩千三百盧比對我們來說不是大數目，但對當地人來說大概就不一樣了。到了二〇一〇年至二〇一一年，尼泊爾仍有四分之一人活於貧窮線下，平均每天收入少於一點二五美元。受到基礎建設不足的限制，鄉村的經濟發展更緩慢，時至今日，大部分山區仍然是無法通車的，必須靠人力或動物去運輸貨物，連接無數峽谷兩端的仍是古老的吊橋。

想像一下住在山區的生活，如果需要看急診，最快的方法也許就是坐昂貴的吉普車。這對我們這兩個城市人來說是匪夷所思，卻是當地人的生活常態。也許是我們的生活方便過了頭，到處都是二十四小時營業的商店，不要說藥物，就連想吃個宵夜、買本雜誌、繳費、影印、買票等事情都可以隨時做到，但這些服務也是由人提供的，是否也意味著我們的生活越方便，服務業人士的負擔其實就越大呢？

作為遊客，我們很自然會覺得道路發展破壞了安納布爾納峰地區的原始景色，甚至當地文化，但對於住當地人來說，發展也許是好多於壞。從沒有道路到可以坐吉普車，起碼他們能以更合理的時間滿足基本生活需要。

到了 Ghasa，加上我們後現場剛好有二十五人，足夠租一輛公車到 Tatopani。公車司機開價每人五百三十盧比，兩三小時的車程，我們覺得是合理的，而且當下只想盡快抵達旅館，可以好好休息。可惜不是每個人都跟我們有同樣看法，一群以色列人覺得貴，一直殺價。Krishna 把我們安排在路邊的雜貨店，幫我們叫了麵，就跑去加入討論。當時我已經大半天沒吃過東西了，卻一點也不餓，反而開始腹瀉，果然是禍不單行。

不久後，Krishna 回來了，忍不住跟我們抱怨以色列人真的很愛殺價，到哪去住旅館或吃東西都要求人家要便宜一點，有些徒步旅館甚至會因此避免接待以色列人，明明有空房也說沒有。

到發展中國家旅行，常常會遇到當地人與外國人待遇不一的情況。不管在交通還是食宿、購物方面，當地商家都會期望外國人多付一點，甚至是國家政府，不少也會把景點的門票價格分成兩種，如柬埔寨的吳哥窟和印尼的婆羅浮屠，當地人票價與外國人票價的價差可高達十倍。

對此有兩派說法，一派是追求遊客與當地人應該付一樣的錢，認為這樣才公平，另一派卻覺得合理，因為自己生活的國家與旅行地點的生活水平確實不一樣，既然旅行只是短暫的，多付一些也無妨。而我們的看法是在兩者之間，雖然也會覺得付不同的錢做同一件事不合理，但要是無法避免，價差又不會太誇張，也不至於憤恨到會放棄行程。其實，只要自己覺得值得，就是合理了，有時候很難以實際標準去衡量。就像很多人認為不值得花錢去旅行，但對於熱愛旅行的人來說，為了存錢去換來更「實際」的東西而放棄旅行才是不可思議呢！

晚上，我們住在以溫泉聞名的 Tatopani，可惜我的腹瀉還沒好，不能去試試。這一場病來得莫名其妙，推算起時間，大概是昨晚晚餐的問題。Krishna 很認真地打電話回上一家旅館問，原來晚餐中的雞不是新鮮雞，可能就是這個原因吧，因為凱琪後來也說她有點不舒服，只是沒有我這麼嚴重。只是我還是不能相信，我們折騰了一整天居然只是因為一隻雞？

七　重回城市

海拔２８７０米的 Ghorepani 是我們沿途到過最熱鬧的村莊，旅館一家接一家，走在蜿蜒的山路上，兩旁不是旅館就是餐廳、商店，除了一般生活用品，甚至有紀念品出售。也難怪，從四方八面到普恩山的徒步人士，最後都會在這裡住一晚，準備清晨出發往普恩山觀賞日出。

我們也不例外，五點就出發了。漆黑的山路似曾相識，但這次少了穿越 Thorong La 隘口時的緊張，也沒有令人擔心的壞天氣，反而有滿天星星相伴，令我們不禁期待起日出。

踏上數之不盡的梯級，身旁都是遊人，為了不阻擋別人的路，我們只好拚命往前走。但其實經過前兩天的爬升，加上剛病了一場，我們的雙腿已經痠痛得很，此時要再爬升四百米，累得連話都不想說了，低著頭默默往上爬。

幸好成功趕在太陽出來之前到達山頂，我們立刻把相機拿出來，到處尋找最佳的拍攝地點。海拔３２００米的普恩山頂很冷，曝露在空氣中的雙手漸漸凍僵。此時，太陽終於出來了！柔和的陽光把雪白的山頭逐漸染黃，雪山的影像逐漸變得清晰。普恩山的位置得天獨厚，被多座高山圍繞，使站在山頂上的人可看到幾座雪山並排的畫面，這也是它在尼泊爾眾多高山中突圍而出的主要原因。

回到旅館吃早餐，我們又再面臨一個決擇。從 Ghorepani 出發，我們可以繼續走向安納布爾納峰基地營，到了 Chhomrong 再轉而下山，沿途風景應該更美。但在徒步十幾天後，我們已經累透了，加上凱琪又開始皮膚過敏，只想下山休息。因此，我們選擇了最快的路線，經 Tadapani 和 Syauli Bazar 到 Nayapul，安納布爾納峰環線的傳統終點。

花了兩天的時間下山，走到最後一個檢查站，拿回登山許可，意味著我們的徒步之旅正式結束了。看到 Nayapul 村內各式各樣的商店和眼前平整的公路，雖然有點期待城市的網路和熱水澡，但也不禁有點傷感，不知道何時才能回到尼泊爾徒步了！

就在我們從雜貨店買了幾包薯片，打算邊吃邊休息時，我們的徒步嚮導 Krishna 忙著替我們安排交通。本來的計畫是坐公車到博克拉，但經過的公車一律滿座，滿得乘客只能坐在車頂，於是 Krishna 開始找人和我們一起租吉普車，卻發現當地的車大多被徒步公司租用了，最後只剩一個方法——計程車。

不幸當時印度關閉了與尼泊爾接壤的邊境，使當地失去了主要的燃油供應來源，油價高漲，除了家用的煤氣受影響，汽車用的汽油也短缺，車費當然也大幅上升。因此，計程車司機要求收雙倍車資，一行四人一共要付四千盧比，但也別無他

法，我們只好付錢。

對尼泊爾來說，印度向來是個重要的鄰居。在一九五〇年之前，尼泊爾絕大部分貿易的對象是印度，隨著國家逐漸開放，情況雖然有所改善，但在二〇〇九年，印度也還是尼泊爾的最大貿易夥伴——當地超過六成的出口輸出到印度，而超過一半的入口是從印度而來。

尼泊爾和印度之間的邊境長達一千七百五十一公里，兩國密切的貿易關係源自地理位置，亦源自歷史上長久的聯繫，一點也不難理解。不過，貿易也成了兩國的外交問題之一，因為尼泊爾在經濟上相當依賴印度，但相反地，尼泊爾對印度來說只是眾多貿易夥伴之一，而且是只占總量百分之二的小夥伴。在這個不對等的前提下，尼泊爾難免在經濟上受到印度的控制，加上兩方出口的貨物有很大差異，從印度到尼泊爾的是工業製品，但從尼泊爾到印度的是農業原料，前者的價值明顯比後者高，仍是印度占優勢。

然而貿易不是兩國之間的唯一問題，從英國殖民印度時期開始，尼泊爾被逼與英屬印度簽下不平等條約，印度獨立後仍嘗試保持英國政府對尼泊爾的控制，兩國之間的角力延續至今，仍未完全解決。發生在二〇一五年九月的邊境關閉事件正是例子之一，當時尼泊爾剛通過新憲法，印度就關閉邊境了，使當地面臨多項資源短缺。根據美國新聞機構CNN對事件的報導，尼泊爾政府稱印度是在表達對新憲法的不滿，等於是在干涉該國內政，印度政府卻否認這個說法，說明關閉邊境只為了保護印度人的安全，因為當時在尼泊爾邊境地區有示威活動。

看到路面逐漸變得寬闊，路上車輛漸多，就知道我們快回到城市了。

我們的目的地博克拉是尼泊爾的第二大城市，靠近不少徒步路線，因此大部分徒步人士都會像我們這樣，在旅程結束之後到博克拉好好休息。而這裡也確實具備一個稱職休息站的條件，遊客聚居的Lakeside區域與加德滿都的塔美爾區一樣，道路兩旁是一間接一間的店舖，除了洗衣店、旅行社、餐廳等遊客區必備商店，街上還有數之不盡的按摩店。據Krishna說，這裡居然有四千家旅館，難怪整個區域像是為遊客而生的一樣。

但也許是因為費瓦湖（Phewa Tal），Lakeside比塔美爾區多了一種悠閒的氣氛。第二天早上，凱琪去玩滑翔傘，但一次要八十美金，對當時已經快山窮山盡的我來說太貴了，於是選擇懶惰地睡到自然醒，再自己出去走走。離開Lakeside Road，走到真正的湖邊，湖面平靜如鏡，幾艘小木船停泊在湖邊，一路上不時看

到營運水上活動的小攤子，還有簡陋的遊樂設施，但當地的小朋友還是玩得不亦樂乎。往右邊看，居然是一間間的酒吧，氣氛比起其他亞洲大城市的毫不遜色。想像晚上坐在舒服的沙發墊上，跟朋友邊喝酒邊聊天，享受從湖上吹來的晚風，就像博克拉這個城市給人的感覺，令人很想當個懶惰的觀光客，什麼都不想。

不過，就在我悠閒逛街的同時，背夫Dawa已經在回加德滿都的路上了。由於我們比原定計畫早到博克拉，所以Krishna仍會繼續陪伴我們幾天，但既然沒有行李要背了，自然先放Dawa離去。幸好昨天晚上趕在他離開前，一起在一家西藏餐廳吃了頓飯，回到旅館，我們拿出在馬南已經買好的卡片，在網上找到「謝謝」的尼泊爾文寫法，就照樣描繪上去。凱琪用圖畫填滿了餘下的空白，活靈活現地畫出每個人的特色，看得Krishna和Dawa哈哈大笑。說真的，在山上天天見面，現在要道別了，不知何時才能再見，確實有點不捨。

中午，我和凱琪還有Krishna約好回到西藏餐廳吃飯，飯後就是女生專屬的時間了。有個伴一起逛街特別起勁，這是與女生朋友去旅行的好處之一。

我們沿著 Lakeside Road 走，每看到感興趣的店就進去看看，就這樣消磨了整個下午。其中最令我們驚喜的是一家非營利組織 Women's Skills Development Organization 的店，以出售飾物為主，但設計都十分好看，價格也很合理，更重要的是商品全是公平貿易的。這個組織於一九七五年就成立了，目的是幫助弱勢婦女，其後開始為農村婦女提供訓練，使她們可以靠著製作我們手上的這些飾物自力更生。

懶散了一天，Krishna 就看不過去了，說要帶我們去遊覽景點，但當時燃油危機尚未解除，路上的車輛極少，我們只能先去公車可達的地方——Chhorepatan。

Chhorepatan 最有名的景點是 Devis Fall，它像是一道地下的瀑布，我們站在走道上，從下看是深不見底的地下世界，只見澎湃的水流不停往下衝，氣勢磅礡。走出 Devis Fall 後，Krishna 把我們帶到附近一個洞穴中的廟。洞中黑暗潮濕，供奉著一塊天然形成的大石，氣氛神祕。聽說廟中還有一道小型瀑布，水源自 Devis Fall，可惜當時不開放，我們無緣看見。

從廟中出來後，Krishna 突然說附近是他親戚的家，問我們要不要上去坐一坐。聽起來比去景點有趣多了，我們當然說好，只是沒想到他接下來去買了一大瓶可樂。喂！先生，哪有人帶可樂去探親的！

到了門口，我們才開始思考，兩名陌生的外國人突然來別人家是否很奇怪，但很快門就開了，小小的客廳擠滿了人，Krishna 的親戚十分友善，熱情地邀我們坐下，不久後，面前還多了一杯茶。不過，他們大部分時間都在用尼泊爾語聊天，我們當然聽不懂，只在說到有關我們的事，或是在大家突然大笑時，Krishna 才會翻譯他們的談話內容給我們聽，看來我們的糗事以後會成為他茶餘飯後的話題了。

所在地。今天的最後一個景點是西藏難民營，但其實對遊客開放的區域只是民居外圍的地方，包括寺廟、社區會堂，還有個展示漂亮藏式地毯的地方，據說地毯由住在難民營的藏人製造，是當地部分人的生計。這只是全國其中一個西藏難民營，事實上每年都有不少藏人冒著生命危險，逃離中國軍隊把守的邊境，穿越喜馬拉雅山脈的高海拔隘口來到尼泊爾，就是為了繼續前往印度達蘭薩拉，即現今西藏流亡政府的所在地。

回到博克拉之前，我們停在一家漂亮的湖畔餐廳吃飯。Krishna 說明天還有些景點可以去，但公車到不了，計程車又貴，於是我順口建議：「不如我們騎腳踏車去吧！」他同意了。

早上八點半，我們先一起到一家飯店租腳踏車，每人每小時的租金是一百盧比，算便宜。踏上踏板，車輪開始運轉，風迎面吹來，突然想到我已經很久沒有騎車，都快忘了騎腳踏車的樂趣了。

我們緊跟著 Krishna，在一片混亂的馬路上左穿右插，活力十足地一路往前衝。在抵達目的地蝙蝠洞之前，先停在一個可以看到地下塞蒂河（Seti River）的景點，景點內有一名印度教男人，為我們套上花圈，在我們的額頭上點上紅點，就跟印度教婦女額頭上的一樣。這個紅點亦被稱為吉祥痣，在傳統上，顏料以朱砂、糯米、玫瑰花等材料製成。它是一種印度教的符號，印度教徒相信這符號可消災避邪，亦有說法稱額頭中央、兩眉之間的位置是人類生命力的源泉，因此需要保護。

再次騎上腳踏車，很快就到了蝙蝠洞，付了一百盧比的入場費，開啟手機內建的手電筒，跟著 Krishna 走進黑漆漆的山洞中。洞中十分潮濕，腳下的石頭濕濕滑

滑的，我們幾度快滑倒了，只好小心翼翼地看著地下走路。此時，Krishna 提醒我們往上看，於是我們拿手機往上一照，不得了，石壁上居然全是密密麻麻的蝙蝠！非常壯觀，但也不禁想：「如果牠們突然一起飛向我們，而我們又無法跑出去，那該有多恐怖！」果然是個悲觀的人。

充實的一天過後，我們也終於要動身回到加德滿都了。再次踏上連接兩大城市的普里特維公路（Prithvi Highway），這條長達一百七十四公里的道路，可以說是尼泊爾最重要的一條公路，途中經過一個又一個往南到印度的交叉路口，也幾乎是所有遊客到尼泊爾旅行的必經之路。但與一般人對公路的印象不同，普里特維公路沿途沒有交通燈、超車線等公路設施，也幾乎沒有路標，大部分路段都是蜿蜒山路，建在懸崖之上，而懸崖之下就是著名的漂流地點特耳蘇里河（Trishuli River）。

雖然不是雨季，但來到尼泊爾怎麼可以不玩漂流呢？於是我們還是來到了特耳蘇里河之上，從這個角度仰望山崖上的公路，看著車子在狹窄的公路上左穿右插，誰也不讓誰，更覺得觸目驚心。

在風景如畫的河上漂流了幾小時，都沒有遇上真正刺激的急流。快到終點時，我們已經準備好要回到車上了，此時，一宗交通意外吸引了所有人的注意力。眼看著一輛車從懸崖上掉下來，落在河旁的石灘上，我們都嚇傻了，互看一眼，心想：「這是真的嗎？」幸好後來得知司機在車掉下懸崖前跳車了，因此只有受傷而已。

後來上網搜尋普里特維公路的資料，才知道它曾被英國廣播公司選為全球最危險的七條公路之一，不禁為當時的自己揑了一把冷汗。其實這條公路建成至今已超過四十年，但路況也沒有改善多少，一如尼泊爾其他基礎建設如電力，只發展到最低程度。

我想這跟當地的地理環境也有關係，就以交通為例子，尼泊爾只有約四分之一的土地是平地，其餘都不是適合建設公路、甚至鐵路的地方，因此時至今日，山區即使有可供車通行的路，大部分也是碎石路。水路呢？尼泊爾雖然擁有許多河流，但多半水位落差很大，不適合航行。最後就只剩下成本昂貴的空路運輸了，尼泊爾可以說是世上交通發展最落後的地方。

當然也有其他國家面對同樣的地理限制，而他們也成功以更高的技術和更多的資金克服發展上的困難，可惜尼泊爾向來不是一個富裕的國家，貪汙問題更是嚴重。根據二〇一五年國際透明組織發表的貪汙感知指數，尼泊爾在一百六十八個國家中排名一百三十，當資源都被貪汙問題消耗殆盡，當然就不能被分配到更重要的用途了。

漂流結束後天色已黑，我們回到車子中，繼續往加德滿都前進。

漫長的車程把我們的精神都消耗光了，車內的氣氛昏昏沉沉，睏得快睡著了。窗外千篇一律的風景，在進入加德滿都山谷後終於起了變化，路變寬了，路上車子更多，但奇怪了，車潮從加德滿都而來，卻堵塞在一個看似加油站的地方之前。我們的好奇心被勾起了，問 Krishna 那裡發生什麼事，他說今天尼泊爾剛從中國進口石油，因此住在加德滿都的人就紛紛湧出城外買汽油了。

位於內陸地區的尼泊爾夾在多國之間，長久以來都面對錯綜複雜的國際關係。自從中國占領西藏後，尼泊爾才正式與中國建交，但在短短六十年間，中國已成為尼泊爾第二大雙邊合作國家。其實，早在二〇〇九年，已有大約七十六間中資企業在尼泊爾投資，也承包了不少通訊、交通、水電工程，我們在剛開始徒步時，亦已在山區看到大大的牌子寫著「中國水電－薩格瑪塔電力有限公司」。這也許是一個機遇，尼泊爾可以藉此減輕對印度的依賴，就像面對能源短缺時，最後的「解決」方法也是尋求中國協助，但尼泊爾是否真的可以繼續這個「平衡策略」，在「夾縫中求生存」呢？這大概是未來尼泊爾政府要面對的最大難題之一。

Tibet

III 西藏

一　進藏

坐在飛機上，目不轉睛地看著窗外，位於中尼邊境的喜馬拉雅山脈就在我們腳下，那一片綿延不斷的白色看得機上乘客都驚嘆連連。好奇的空姐過來問我們在看什麼，坐在前方的乘客指著窗外說：「看！那就是珠峰！」

由於上一站是尼泊爾，我們進藏的方式比較特別——直接從加德滿都飛到拉薩，因此才有這個難得的機會，從更高的地方俯瞰雪山。其實本來打算走陸路過境，可惜尼泊爾大地震破壞了連接加德滿都山谷和口岸的公路，我們等到不得不出發時，公路還在修復中，只好轉而考慮空路。

一查之下發現此航線只有中國航空及四川航空營運，票價更貴得驚人——三百五十美金，而這已經是最便宜的了。最氣的是明明兩地相隔很近，航程僅一小時，但不買機票就剩下一個選項——回家。

中尼邊界全長一千四百一十五公里，共有四個口岸，而目前遊客唯一可用的是塔托帕尼（Tatopani），一道中尼友誼橋連接了尼泊爾的科達里（Kodari）和西藏樟木鎮，其餘口岸則只有商人或特定國家的人民可通行。要越過中尼邊境，等於要穿越喜馬拉雅山脈，經過的隘口往往處於超過五千米的高海拔地區，使之成為世界最美、最神祕也最危險的邊境之一，因此我們視這一個陸路過境的路程為接下來旅

行的一大亮點。

現在少了這個亮點，繼續前往西藏的成本又如此之高，使我曾經考慮過不如就在尼泊爾結束這趟旅行。此時看到窗外的風景，頓時覺得值回票價。西藏不愧為世界最美的地方之一，不管用什麼方式進藏，都有獨一無二，但同樣令人覺得不枉此行的風景。

最常見的進藏方式是坐火車，著名的青藏鐵路連接了西藏拉薩市與青海西寧市，也等於接上了整個中國火車網絡。通常遊客都會選擇坐火車進藏，坐飛機離開，因為火車的前進速度比較慢，留給乘客較多時間適應海拔上升，減少高山反應。同樣緩慢的交通方式是走公路——不管是坐公車還是自駕，經雲南或四川的藏區進入西藏，又或是反方向從新疆進藏。這自然比坐臥舖火

車刻苦，但可以順遊多個地方，比起一下子從中國城市跳到西藏的中心，經附近的藏區慢慢進入西藏也是一個獨特的體驗。

近年來又多了一個熱門的進藏方式——騎自行車，這無疑是最辛苦的方式。在尼泊爾嘗試過高海拔徒步後，我們十分了解平地人在高海拔地區活動的痛苦，更難想像如何在五千米以上的地方騎腳踏車。但會選擇這種方式的人已經不是一般的遊客，為的不是旅行，而是挑戰自己。

有趣的是，每一本旅遊書都花很大的篇幅講述進藏方式，這是西藏獨有的待遇，彷彿證明了進入該地本身就是旅程的一部分，也預告了在這裡旅行充滿挑戰。

從一千多米高的加德滿都來到三千六百多米高的拉薩，海拔一下子上升了兩千米，氣溫也一下子降低了許多。我們怕會有高山反應，一到拉薩就開始放慢動作，但還是按捺不住心中的興奮，一接觸到戶外的乾冷空氣，看到遠處的高山，心中彷彿有個聲音在吶喊：「我們真的來到西藏了！」是神祕又美麗的西藏！又被稱為「世界屋脊」和「第三極」，幾乎是所有背包客都夢寐以求的旅行目的地。

出發前，尼泊爾的徒步嚮導 Krishna 曾向我們說過不少他帶團到西藏時發生的事，其中最令我們印象深刻的是當地的廁所。他說即使是拉薩的大飯店，廁所還是在戶外，而且十分簡陋，只是一個個的洞。但當我們帶著這樣的心理準備來到拉薩機場，卻發現這裡相當現代化，面積之大，設施之多，與寥寥可數的遊客人數形成強烈對比。

一步出入境大樓，就是民航大巴的售票處。車上有寬敞舒適的座位，廣告商不放棄任何一個賺錢的機會——青稞酒、酥油茶、犛牛製品，各式各樣西藏特產的影

象出現在車廂各處。轉眼間，公車就駛上寬闊平整的公路，路上幾乎沒有其他的車，倒是有一個又一個搶眼的紅色路標。仔細一看，原來不是用來指示方向的，上面寫的是共產黨的宣傳標語，強調的是「經濟進步」和「民族融合」，反正跟中國政府一貫對西藏問題的說詞一致，但事實是否真的如此呢？大概就要留待走這條公路進入西藏的人自己去判斷了。

我們於十一月進藏，剛好是西藏淡季的開始，因此沒有預訂任何旅館，只在網上查到幾家不錯的青年旅舍，到了市區直接把其中一家的地址給了三輪車司機，很快就來到了目的地。

搭乘電梯到樓上的接待處，我們有點不敢相信眼前所見，這家位於市中心的青年旅舍，比起我們以往在上海住過的毫不遜

色。接待處的員工熟練地向我們介紹房間，當然有床位，但想到要在這裡住好幾天，就選了不貴的雙人房。一走進房間，眼前出現兩張舒適的大床，浴室還有非常乾淨的坐廁和夠熱的洗澡水，甚至還有電熱水壺和地暖。我想 Krishna 大概已經很久沒來西藏了，又或是對於外國人來說，中國的建設速度永遠無法估計，一個地方可以在短短幾年間變得面目全非。

青年旅舍的樓上，有一家可以遠眺布達拉宮的餐廳，餓透了的我們也懶得出去吃飯，就直接上去先填飽肚子。很快侍應生就端上我們點的牛肉麵，花椒的香氣撲鼻而來，回想起來，我們已經兩個月沒有吃過真正的中國菜了，南亞的食物大都乾乾辣辣的，雖然尼泊爾有好吃的湯麵，但總是不及這碗地道的牛肉麵讓人喜悅。一直認為自己是很能適應異國食物的人，沒有什麼不

吃的，也沒有什麼是不吃不行的，因此到了國外，我總是堅持要吃當地食物，但直到吃到這一口麵，才突然發現從小建立的習慣影響我們如此之深。

飯後再次步出拉薩街頭，乾冷的天氣使我們的鼻子開始不舒服，走快兩步就會覺得頭痛，高海拔帶來的生理反應時時刻刻提醒我們已經來到了西藏。但看看四周——寬闊而繁忙的馬路、連鎖式大型超市、豪華的大飯店、為遊客而設的「藏式餐廳」和紀念品商店，與一般中國大城市無異。來自中國各地的商人看準西藏的商機，紛紛來此做生意。走沒兩步，我們就被烤香腸的香氣吸引，原來是一間賣小吃的店，再往旁邊走是一間賣涼果的店，門口播放著重複的宣傳口號，店內一名女人正在用普通話大聲叫賣。

就旅行者的立場而言，拉薩是一個出色的「旅遊基地」，不僅可以在此買到一切旅途所需的東西，當地的公車系統也相當發達，各站牌清楚列明不同公車的路線，有些甚至有地圖，票價更是驚人，只需人民幣一元。在一個下午的時間，我們就輕鬆買到一大堆生活用品還有零食，傍晚拿著青年旅舍提供的地圖再出發，很快就走到了拉薩最重要的地區之一——八廓古城。

八廓古城的原名是帕廓，指的是環繞大昭寺的轉經道，不少藏民千里迢迢磕長頭來到拉薩，就是為了來這裡朝聖。著名的藏族作家唯色曾撰文描述帕廓「不僅僅是提供轉經禮佛的環行之街，而且是整個西藏社會全貌的一個縮影」，對藏人而言，大昭寺賦於這個地區神聖的宗教意義，但與此同時，這裡也是長久以來社會各個階層的人互相交流、進行各種世俗活動的地方。

帕廓在藏人心中的重要地位其來有自，但在二〇一三年，一個「拉薩老城區保護工程」把帕廓重新命名為八廓古城。為了打造一個「模範」老城區，「不美觀」的攤販被逼遷走，取而代之的是招牌設計一致的紀念品商店、遊客餐廳和飯店，店門上一律插著中國國旗，經營者再也不是以藏人為主，而是漢人和回族人。現在藏人要進內朝聖，也要跟我們一樣先穿過軍警把守的安檢門，把行李一一送進掃描儀中檢查，才能進入八廓古城的範圍。

然而，帕廓在藏人心中的地位不變，至今來朝聖的當地人仍絡繹不絕。走在轉經道上，看到不少藏民仍穿著藏族服裝，手持念珠及嘛呢輪，口唸經文，循順時針方向繞了一圈又一圈。還有磕長頭的信徒，不知道已經走了多久的路，手拿著木屐，身上掛著牛皮，正專注地做著複雜的動作，一步一步往大昭寺前進。大昭寺外舖滿墊子，藏民就在自己帶來的這些墊子上此起彼伏地磕長頭。

對藏人來說，宗教是生活中十分重要的部分。藏傳佛教寺院往往被一長排的轉經筒圍繞著，轉經者繞寺院而行，同時用手撥動轉經筒或轉動手中的嘛呢輪。拉薩的主要轉經道均圍繞著大昭寺，除了「帕廓」，還有位於寺內的內圈「囊廓」及延伸至整個拉薩城的外圈「林廓」，圍繞著布達拉宮的「孜廓」也是另一條重要的轉經道。

「唵、嘛、呢、叭、咪、吽」是藏人轉經時常唸的經文，但我們第一次聽到這六字真言不是在西藏，反而是在尼泊爾。記得在博克拉有些出售宗教用品的店舖，店內不斷重覆播放這段經文，來來去去就是這六個字，但那個音調有一種魔力，每次聽到就會不自覺地平靜下來。到了西藏，我們幾乎走到哪裡都看到六字真言，有時候是在牆上，有時候是在嘛呢石上，有時候是在風馬旗上，一律是梵文寫法。事實上，嘛呢輪、嘛呢石和嘛呢堆的名字，全是源自這重要的六字真言。

有趣的是，藏傳佛教的修行方式幾乎都跟圓有關，像是轉經、轉山、轉湖，又或是一直重覆的經文唸寫和數念珠的動作。原因也沒有一個確切的說法，但我不禁聯想到佛教教義，其中心思想就是因果關係，正如佛教徒對生命的看法，他們相信輪迴，亦相信此生的因會造成來生的果，而最終極的修行目標，就是跳脫這個輪迴的過程。

修行的方式林林總總，唯一不變的是藏人的虔誠，在我去過的所有國家中，西藏是唯一一個能在宗教上感動我的地方，甫踏入拉薩，就感受到當地的神聖氣氛，並未被城市的喧鬧所掩蓋。這個氣氛不是來自華麗的建築或所謂具民族特色的裝飾，而是長久以來建立的信仰——從蓮花生大士入藏開始，佛教傳入西藏至今已一千多年，使西藏曾經成為亞洲地區最有影響力的國家之一。但十四世達賴喇嘛丹增嘉措也曾在接受記者訪問時說過，他認為藏人的虔誠對西藏這個國家有負面的影響，因為「宗教領袖最先想到的是宗教及他們自己的寺院或派系，然後才可能會想到西藏這個國家」，這倒是一個值得思考的地方。

走出八廓古城，我們又回到現實了，是時候計劃下一步。記得在很久以前，我在旅遊雜誌上看過阿里的照片，景色美得不像真的，當時就決定了這會是我一輩子要去一次的地方。現在人已經在西藏了，卻發現要完成這個心願不易。在阿里地區旅行，幾乎只能選擇包車，但兩個人租一輛車太貴了，必須找人拼車。偏偏此時是淡季，太冷了，遊客不多，我們又只能找香港人或中國人，因為其他國家的遊客在西藏旅行必須有導遊同行，範圍又縮小了。

回到青年旅舍，我們滿心期盼地在布告板上找拼車告示，的確不少，但大多是短程路線如林芝、珠峰或拉薩附近的湖。也有一兩張是阿里的，但出發日期已過，心想明天先去辦電話卡，再打去問問吧！

第二天早上，一連跑了四個地方，竟沒有一家電訊公司可以辦一張我們能用的電話卡，不是只接受中國身分證，就是電話卡格式不對。我們問電訊公司的員工現在還有什麼方法可以辦到一張電話卡，答案是沒有，還真的是第一次遇到不讓外國遊客辦電話卡的地方。

沒有辦法了，我們還去了風轉咖啡館，也到網上論壇發了文，希望有人剛好到西藏旅行可以同行，但都還沒有回音。現在只能先去拉薩的景點，等待奇蹟出現。

心灰意冷地回到青年旅舍，再經過樓下的附設旅行社，其實只是一個小攤子，前方有一個寫著不少熱門短程路線的牌子。既然已經沒辦法了，不如去問問吧！了解一下包車的價錢也好。

小攤子的負責人叫小蔣，他說現在剛好有一個六人團是去阿里加珠峰的，但因為大風雪的關係，沒辦法走沒有公路的北線，所以只能南去南回，全程一共八天。行程和價錢都很合理，我們一聽很心動，但一問出發日期，才知道竟然是明天！也太趕了吧！我們已經訂了房間還付了錢，一個晚上來得及收行李嗎？出發前來不及買必需品怎麼辦？還要提款！還沒買回香港的火車票呢！為了說服我們這兩個臨時出現的客人，小蔣以三寸不爛之舌把這些疑難逐個擊破，最後他說：「我們也湊了很久才成團，接下來整個十一月都暫時沒有團了。」這一句話太有說服力，好吧！

不管了！簽約！

簽約後，是時候發揮我們的辦事效率了，先列出要做的事，找出要去的地方，再按地方的遠近規劃路線——青年旅舍、銀行、超市、賣禦寒衣物的店舖，最後是吃飯。回到房間後，就要面對令我們最頭痛的工作了。拜尼泊爾所賜，我們的行李非常多，結果到了凌晨才把所有行李收好。

忙碌了一整夜，我們都很累，但無損出發前的興奮心情。真的能去夢寐以求的阿里了！這個即興的出發，彷彿預告了接下來的旅程也會充滿驚喜。

二　同車生活

好像才剛睡下不久，就要起床了。一大清早，我們準時到青年旅舍的樓下集合，反倒成了最早到的兩個人。先與藏族司機見面，然後將會一起相處八天的「團友」陸續出現——一對上海情侶、一名廣州大哥、一名廣州大姐及兩名汕頭妹妹。廣州大哥跟我們一樣是臨時進團的，所以一夜之間，整團的人數一下從六人跳到九人，幸好車夠大，裝得下我們，還有一大堆行李。

大概是因為不走路況不佳的北線，我們坐的不是吉普車，比較像一般的休旅車。出了拉薩，車子一路往西，先踏上318國道。公路依然寬闊平整，但兩旁的城市景觀很快就消失了，取而代之的是荒涼的草原。綿延不斷的草原背後往往是高山，在藍天白雲的陪襯下，每一個畫面都是一張照片。

在車上，唯一的娛樂就是看窗外的景色。在草原以外，我們有時候也會看到美得不像真的的河或是湖，或藍或綠，色彩總是鮮艷得像電腦上的顏色，好像不應在人間出現。即使是草原上也不時有驚喜出現，像是羊群或是犛牛群，此時坐在窗邊的我就會興奮地拍拍身旁的凱琪叫她看，樂此不疲。

犛牛是一種長毛的牛屬動物，只生活在青藏高原，我們總是戲稱牠們為「檯牛」，因為牠們的身軀就像是張大桌子，只是上面長了長毛而已，看起來就很暖，

難怪牠們是少數只能在高海拔地區生存的動物，在海拔較低的地區反而會生病。我們在尼泊爾的高山地區也曾看過犛牛，只是數量遠比西藏的少。但其實即使在西藏，野生犛牛的數量亦在減少中，使之被國際自然保護聯盟列為易危物種。

在青藏高原上生活，時時要面對突如其來的風雨、旱災、雹暴、霜凍，加上大部分地區的天氣和泥土不適宜農耕，自然無法仰賴農業。因此，對藏人來說，動物才是最有價值的財產。就像犛牛，他們可以提供奶和肉，甚至可以運輸貨物。藏人統稱他們為「nor」，就是財富的意思，可見這種只在青藏高原生長的動物對當地人有多重要。甚至有人說，要是沒有犛牛，遊牧這種生活方式未必能在西藏成立。

對於居住在西部藏區的人來

說，遊牧是唯一的謀生方法，他們往往會畜養一大群動物——犛牛、綿羊、山羊、牛和馬，同時依據季節而移居。曾經有學者指出，一個西藏遊牧家庭需要有五百隻羊、三十五隻犛牛、五隻馬才能維生，但未必每個家庭都有條件畜養如此大量的動物，此時貿易就很重要了。遊牧民族主要跟農耕民族交易，用黃油、乳酪、肉、獸皮、羊毛、麝香等畜牧剩餘的資源去交換農產品，如大麥、米、糖、茶、果乾，甚至一些器具和衣服。

西藏曾經有接近一半的人口為遊牧民族，但在東南藏區，亦有土地較肥沃的地方，就像十四世達賴喇嘛出生的農村塔澤，正是位於安多省，就是西藏四大地理分區中離中國大陸較近的一區。他曾在其自傳中描寫過小時候的生活環境，他們家擁有五、

六隻擠奶用的牛、幾匹馬、一些生蛋用的雞還有一大群羊，也種青稞、蕎麥、馬鈴薯等農作物，可見畜牧與農耕並行的生活方式在西藏某些地區仍是可行的。

由於司機打算回程才去羊湖、卡若拉冰川等景點，於是我們一路直奔日喀則市。

日喀則市以扎什倫布寺聞名，這也成了我們阿里之行的第一個景點。走進大門，我們先穿過一列列白色的僧舍及經院，途中停在白色佛塔前，跟著藏人轉經一圈。繼續往山上走，終於到了依山而建的絳紅色大殿。扎什倫布寺之大，讓我們嚇了一跳，與其說這是一座寺院，不如說是一座小城市。

其實，扎什倫布寺是一座十分重要的藏傳佛教格魯派寺院。格魯派就是達賴喇嘛的所屬教

派，比其他教派更晚發展，後來卻成了西藏的統治者。

創立格魯派的宗喀巴於一四〇九年建立第一座寺院甘丹寺，其後他的弟子也先後在拉薩附近建立哲蚌寺和色拉寺，札什倫布寺則於一四四七年才由宗喀巴的弟子根敦朱巴建立，是格魯派四大寺中唯一位於拉薩以外的寺院。

根敦朱巴後來被追封為第一世達賴喇嘛，他與宗喀巴一樣對寺院興建有所保留，認為寺院的目的是傳承和保護性靈的地方，為的是度化眾生，但在西藏教派分裂時期，不少寺院淪為謀利或謀權的工具，當供奉越多，僧侶越富有，重視的就不再是佛法。於是他在札什倫布寺建成之後，雖然年紀已大，仍天天向弟子講授佛經。自此之後，寺院成了後世達賴喇嘛的家。

從扎什倫布寺出來後天色漸黑，是時候決定住宿的地方了。司機說我們的情況比較複雜，因為香港人要住在官方指定的旅館，但其他人不一定要跟我們一齊住。於是我們在指定旅館名單中選了最便宜的一家，其他人卻不知為何覺得「指定旅館」是一種質素保證，一直說我們有特別待遇，堅持要住同一家。我們在旁邊聽得很無奈，難道他們真的覺得這「特別待遇」很好嗎？

事實上，持中國身分證的人在西藏是最通行無阻的，唯一的不便是前往邊境地區，如珠峰及阿里地區要先申請邊防證，在路上遇到為數不少的檢查站時也要下車給警員檢查身分證，但這些是所有路過這些地方的人都要做的事。

與之相比，來自台灣及其他國家的遊客在西藏不能獨自旅行，而所有外國遊客，包括香港人，都必須住在指定旅館，到每個地方都要向公安局登記個人資料。這一點比較令人不安，但既然要去，也只能遵守遊戲規則。一開始是司機幫我們拿證件到公安局登記，後來在札達，我們曾親身前往公安局。沒想到裡面就像一個普通民居，好像走進了別人的家，我們坐在暖和的客廳等司機處理事務，一邊跟當地駐警一起看綜藝節目及足球賽，感覺還挺有趣的。

諷刺的是，與我們這些外來遊客相比，藏人受到的限制反而是最大的。司機說，藏人不能辦護照也不能出國，就連離開自己居住的地方，到其他西藏自治區內都要申請。唯一可以解除這些限制的方法是與漢人結婚改藉，但即使孩子改藉了，父母亦不能因而不受這些限制約束。根據藏人行政中央的資料，中國政府設立的限制更不止於此，居於西藏自治區內的藏人也不能前往其他藏區或中國其他城市，反之，居於西藏自治區外藏區的藏人亦無法到拉薩朝聖。

第二天早上，我們從日喀則出發，又回到公路上。過了日喀則不久，318國道就轉而往南，一路往尼泊爾延伸，我們則是繼續往西走，踏上一路通往新疆的219國道。途中，我們經過了一個海拔高達五千二百米的積雪隘口，記得在尼泊爾爬山時，到達這個高度已是一片荒蕪，但到了西藏，車子駛過的仍然是平整的柏油路面，令人難以置信，不知道在這漂亮的公路背後是多少人的血汗呢？中國政府曾在國務院的網站上刊登一篇新華社的文章，當中提及政府花了大量資金去改善西藏的交通，使「越來越多的藏族群眾紛紛選擇跳下馬背坐進汽車」，「為偏遠地區的農牧民群眾架起了致富的『金橋』」，事實又是否真的如此呢？

來到海拔四千多米的薩嘎，又到了要找住宿的時候。司機帶我們跑了好幾家旅館，但可能是因為淡季遊客不多，幾乎都關閉了。他說，其實還有一家不錯的旅館，但有很多印度人住，其他「團友」一聽就大力反對，然後開始發表令人不舒服的種族歧視言論。我和凱琪再次無奈地對視一眼，與價值觀不同的人一同旅行根本就是情緒智商的考驗。

也許這就是旅行嘗試教會我們的事情，生活中，我們很多時候都無法選擇「旅伴」，反而是被逼著要跟很多合不來的人相處，此時是應該做自己？還是為了好好相處而迎合別人呢？

其實，跟他們合不來已經不是一天的事，從扎什倫布寺開始，我們就發現了。由於當時沒有電話卡，我們先跟大家說會按照與司機約好的時間趕回來，他們問了我們漫遊服務的電話號碼，說必要時可用來聯絡我們。結果一小時後只有我們出現在集合地點，等了又等，他們卻過了好久才出現！這就是團隊旅遊的壞處，總是把時間浪費在不必要的等待上。

另一項令我們難以理解的習慣是做任何事都要集體行動，他們一開始就建議要每人付一些錢，湊成一筆錢支付全部的食宿和門票，這樣也許是比較簡單，我和凱琪或其他朋友去旅行的時候亦是如此，但那是因為我們是朋友，而不是一起拼車的

陌生人。要是一起付食宿費用，代表要我們早、午、晚餐都要一起吃，還限制了食物的選擇，這是必須的嗎？已經每天都一起待在車上，為何不在車上的時候仍然要黏在一起呢？如果大家的喜好差不多也就算了，偏偏我們的價值觀南轅北轍。他們來西藏旅行，卻嚷嚷著不吃藏餐，天天往中國館子鑽，我們卻認為到一個地方旅行，應該盡量吃當地的食物。要是每一餐都要一起吃，不是變相要我們遷就他們嗎？

以前旅行時，也曾多次與陌生人湊團去參加不同的活動，但多半是西方人，相比之下，我發現他們確實比亞洲人重視空間，會視一個團隊中的人為獨立個體，而非團體中的一部分。這與我們的想法一樣——每個人都有自由去做自己想做的事、表現自己想表現的個性，但我們從小接

受的教育卻與之相反——應該做別人想要我們做的事、表現別人想要我們表現的個性，要是跟其他人不一樣，就會被貼上不合群的標籤。

用同一個模子刻出來的東西，看起來自然是一樣的，當大家都說亞洲人比較欠缺創意和個性，其實問題不在成品，而是那個多餘的模子。

這些是我們心裡的想法，卻又不能直接說出口，但完全妥協又不能令自己盡興，該怎麼辦呢？第一天晚上，當他們約吃晚餐的時間時，我們就委婉地表示想晚點吃而且想吃藏餐，順理成章不湊公數，到需要一起吃飯時才按次付我們的款項。

在薩嘎，我們終於選好住宿的地方，房間簡陋但還不錯，只是此地的海拔又高了許多，十一月的西藏本來就很冷，現在更是冷得我們全身發麻，幸好房內有多條棉被，勉強能抵擋寒風。老闆娘很貼心，送了一大壺熱水進來，我們就摻了些冷水，在房中擦身。

昨晚在日喀則嘗到了藏餐，今晚同樣漫無目的地走在街上，卻不見任何餐館的招牌，道路兩旁的店都用大大的門簾蓋住。我們在其中一家店門外偷偷摸摸地看進去，看起來有點像餐廳，於是直接揭開門簾走進去。幸好店內有一位姐姐會說普通話，叫我們留下來吃。後來跟那位姐姐聊天，才知道她是在拉薩長大的，但為了考公務員而調到此地，到現在還不習慣。然後她教我們說藏語，就這樣愉快地度過一個晚上。

一早起床，走到房間外面的公共廁所，踏進門時卻差一點滑倒，我不敢相信地看看地面，居然是冰！大概是因為昨晚有水留在地上，經過一夜後都結成冰了。好冷的地方！我們出發前把所有衣服穿上，上衣和褲子內都有一層保暖衣物，但才一走出戶外，就覺得自己快被寒風凍成冰條，只好趕快躲到車上。

繼續上路，天氣更乾冷，喉嚨乾得難受，害我忍不住咳嗽，但窗外景色更美了。我們在往霍爾的路上看到美麗的公珠錯，陽光灑在湛藍的湖面上，閃閃發光。其後又跨越了一座海拔５２００米的隘口，下車拍了張照，但待不了多久就受不了，一下子來到這麼高的地方真的會呼吸困難。來到霍爾的旅館，老闆娘說用熱水淋浴要加錢，還一再提醒我們洗澡很容易著涼，只好再次放棄這個念頭。此時，我們已經進入阿里地區了，司機說明天開始去看景點，太好了！

三　天上阿里

連續坐了三天的車，終於來到位於阿里地區的霍爾。在海拔高達4615米的地方，起床需要極大的意志力，我們盡力了，還是晚了一點才集合。霍爾就在瑪旁雍錯旁邊，但司機先帶我們到較遠的拉昂錯，途中經過神山崗仁波齊，剛好是日出時分。其實當時已經快八點了，只是因為中國政府為了全國時區統一，堅持要西藏用北京時間，才有這個情況出現。

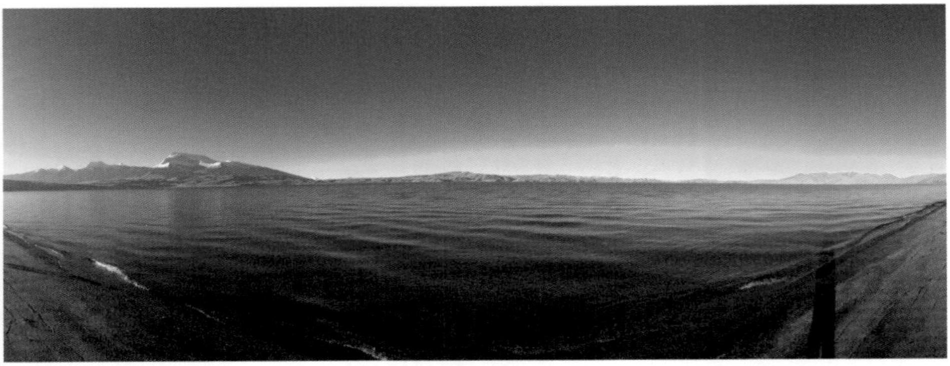

不管是時區還是景觀、文化、生活方式，西藏都與其他亞洲內陸國家更接近，而與世代住著農耕民族的中國大陸相距甚遠。但西藏的高海拔賦予當地世界僅有的獨特景色，尤其是人跡罕至的藏西，幾乎是完全屬於大自然的世界。看著遠處的神山，不知是因為世世代代的人把人生意義寄託其中，還是當中真的有非科學可解釋的力量，確實給人一種神聖不可侵犯的感覺，令人不自覺生起敬佩之心。難怪不少宗教的起源都跟大自然有關，當原始民族面對偉大而無法解釋的自然現象，而這些現象又主宰著他們的生活時，唯一合理的想像方向就是超自然力量。就像佛教傳入之前的西藏，當時盛行的本土宗教是苯教，藏人崇拜的正是大自然的事物——地、水、火、風、日、月、星、山、湖、動物等。

車子一路駛到拉昂錯前的卵石灘，眼前那一片迷人的藍色吸引我們一直往湖邊走。拉昂錯是一座鹹水湖，湖水不能飲用，加上湖水顏色較深，據說還是無風三尺浪，因而有了「鬼湖」之稱。但在陽光的照射下，我們眼前的景色與這個恐怖的名字完全不相符，站在湖邊，只感受到平靜，我們再往前走兩步，忍不住用手碰一下湖水，沒想像中的冰冷。

傳說拉昂錯與瑪旁雍錯的湖底相通，水質卻大不相同，一邊是鹹水，一邊是淡水。但從路上走，還是駛了好一段路才到一個能俯瞰瑪旁雍錯的地點。司機說，要到湖邊就必須買票，於是我們決定在此看看這個世上海拔最高的淡水湖就好。風馬旗圍繞在湖的外圍，明顯與藏傳佛教有關，其實瑪旁雍錯又被稱為「聖湖」，特別之處是它不止對佛教徒有神聖意義，亦是印度教和苯教的聖地。不少來自印度及尼泊爾的信徒千里迢迢來到西藏，就是為了到聖湖轉經、沐浴，洗滌心靈中的「五毒」——貪、瞋、痴、慢、妒。

大大小小的高山湖泊可謂西藏最常見的自然景觀之一，根據藏人行政中央的資料，單是面積達一百到九百平方公里的湖，當地就有六十二座。一方面是因為西藏有不少終年積雪的山，使之擁有世上最多的冰凍淡水，從冰川流下來的水成了不少重要河流的源頭，但也有不少水因複雜地形而無法排走，乾冷的高原氣候也使水難以往上蒸發又難以往下滲，地面上就出現一座又一座的湖泊。

當然這不是唯一一個由高原氣候造成的獨特自然景觀，在我們再次上車之後，穿越高達５２００米的札達隘口，下山途中突然和壯觀的札達土林見面，沿途看得我們目瞪口呆，驚呼聲連連，握著相機的手卻沒停下來，快門聲不斷。

原來札達土林是一個地質公園，司機一直把車駛到公園標示牌前，找到空間停車，才放我們下車拍照。這是我第一次看到土林地貌，目之所及全是奇奇怪怪的石頭，視覺效果強烈，氣勢驚人。懸崖前的一個個嘛呢堆亦同樣壯觀，我們在地上撿了塊小石頭，放在其中一個嘛呢堆的頂端。在西藏，佛教的蹤跡果然是無處不在。

過了土林，我們也離札達不遠了。今天的旅館明顯較之前的高級，有坐廁、電熱毯還有熱水，終於可以洗澡了！我想是因為札達臨近多個景點以及阿里的獅泉河

度或地理環境。阿里昆莎機場，跟尼泊爾一樣，決定遊客服務品質的主要因素是需求，多於海拔高

我們幾乎是一把行李放下就出發到古格王朝遺址，短短十八公里的路程，途中經過一個售票處似的亭子，卻沒有人叫我們停下，倒是到了城堡山腳之後，一個不知名的女人從商店裡走出來，堅持要我們買票。奇怪了，沒有任何證明，我們又怎麼知道她不是騙人的呢？問了票價，她說兩百人民幣，一聽就覺得離譜，雖然昂貴景點門票是中國一貫作風，但即使是西藏其他有名的景點，門票在淡季也多有半價，不至於到這個價錢。

經過一番交涉，變成每人五十元，懶得再跟她糾纏，就付錢了事。走進城堡，發現這座古老的建築比我們想像中大，泥土色的遺址藏身於沙漠似的乾燥環境中，多了一份滄桑。在風沙中屹立千年，想來這座建築也確實經歷過不少風霜。一路踩著樓梯往上爬，途中經過不少看起來曾經是房間的洞，原來爬上這座城堡也不簡單，但我們是在尼泊爾爬過山的！怎能不堅持到底？

最終還是到了整座遺址的最高點，這裡有保存良好的寺院，往山下看，城堡附近的建築和土林地貌一覽無遺，看來堅持還是有好處的。

古格王朝遺址的存在，彷彿證明了偏遠的藏西，亦在西藏的歷史中占有一席之地，其實早在遠古時代，尚未有歷史記載之時，原始的西藏人正是居於藏西，後來才逐漸遷移到東部。至於古格王朝，其實是在吐蕃王國分裂後才出現，建立王朝者亦正是吐蕃末代統治者朗達瑪的後代，為了逃避戰亂才避居藏西。後來成功邀請印度佛教大師阿底峽入藏的人也是古格王朝國王，阿底峽的繼承人仲敦巴承接了重改

革、重戒律的思想，創立了藏傳佛教四大派之一——噶當。

我們在遺址上待到日落時分，卻失望地發現這裡不是觀賞夕陽的好地點，太陽都被山遮住了。不過，古格王朝的日出倒是有名，東北大哥和廣州大哥是攝影愛好者，回到車上，他們就問司機可否第二天早上帶我們再來。沒想到其他人不太感興趣，想到要在寒風中早起又要爬山就打退堂鼓了，我們也猶豫了一下，但都來到了，不看很可惜，結果我們就與兩位大哥組成了僅四人的「日出團」。

早上七點半出發，聽起來沒有很早，但因為是北京時間，當時天還是全黑的。到了古格王朝遺址的入口，司機就把車停下，此時才知道看日出不用爬山，還可以在車上等到有動靜再出發。等了又等，每次覺得天色開始變化就去車外等，但帶回來的只是失望，還有一身寒氣。高海拔地區的清晨，冷得難以置信。

早上九點，太陽突然冒了出來，陽光漸漸把城堡染成金黃色，像個耐心的畫家，從一角、到一片、到整座城堡，慢慢地替整座古格王朝遺址上色。我們一邊看著整個染色過程，一邊尋找最佳攝影角度，也顧不得手指的僵硬，不停地拍照，務求把這一刻的美完整地記錄下來。

日出過後，等著我們的是一整天的舟車勞頓。札達已經是我們的終點了，現在是時候踏上回程。車子一路狂飆，中途只停下來吃飯，到晚上八點半才再停下來，但並不是因為到了，而是大家太餓了。停車的地點附近只有一家藏餐，因此顧不得不吃藏餐的人，我們一起走進去吃麵。

但我們當時的「需求」還不止食物，忍了一整個下午，現在幾乎每個人都要上廁所，只好借用餐館的。怎料一踏進去，天啊！這絕對是我一輩子見過最恐怖的廁所！或許還不能稱之為廁所，因為那只是一個個堆滿排泄物的洞，洞旁邊還是排泄物。不幸中之大幸是當地天氣夠冷，臭味已經稍為減輕了。如果是白天，我們應該會寧願到草叢去上廁所，但當已天已全黑，想到要走入漆黑一片的草叢就覺得不安，還是算了，豁出去吧！

其實廁所一直都是我們路上最大的障礙，比高海拔更難適應。離開拉薩之後，尼泊爾徒步嚮導 Krishna 的話成真了，不管是在村落還是路上，經過的所謂「廁所」，都只是有幾個洞的場所，分別只是排泄物多跟少而已。「格局」好一點的，洞與洞之間有隔板，差一點的連隔板都沒有，當大家都要上廁所的時候，只好在外面排隊。其中最經典的一次是剛好路上連簡陋廁所都沒有，好不容易才在路邊找一個有遮蔽的地方，男的去路的左邊，女的去路的右邊，就地解決。

回到室內，我們還是驚魂未定，但家庭式經營的小餐廳氣氛溫馨，也比外面暖和多了，環境令人不自覺地放鬆。我們每人點了一碗青椒犛牛麵，簡單但好吃。這也是我第一次嘗酥油茶，之前因為凱琪不能吃奶製品，一直都沒在餐廳點過，現在有機會嘗一點，味道很特別，像鹹的奶茶，只是把牛奶換成酥油——從牛奶或羊奶提煉出來的黃油。酥油除了是酥油茶的主要材料，還有不少用途——加進糌粑增加香味、點燃寺院供燈，甚至有藥用價值，在藏人的生活中是不可或缺的食材。

受地理環境所限，藏人的飲食習慣相當簡單。飲料不是酥油茶就是清茶、甜茶、奶茶，比較特別的是藏人習慣在茶中加鹽，第一次喝到時非常不習慣。食物方面，除了奶類製品，幾乎都跟當地常見的農作物青稞有關，把它炒熟並磨成細粉即成糌粑，可以直接單吃，或是加水、茶、酥油一起吃。這是藏地最主要的食物，據研究一位成年藏民可於一年內吃掉近八十公斤的糌粑。

單是利用青稞或小麥等麥類作物，藏人已經可以做出稀飯、包子、鍋魁、窩窩頭、麻花、麵條等各種美味，甚至可以拿來釀酒。現在每家藏餐館都能看到的藏麵就是其中一個例子，價錢往往便宜得很，只需幾塊人民幣，我們覺得好奇，曾經點來試試，原來跟我們一般認知的麵不太一樣，藏麵比較厚實，難怪往往都很小一碗，因為吃幾條就飽了。

作為虔誠的佛教徒，藏人不主張為吃肉而殺生，但在西藏，食物選擇確實不多，所以吃肉也並非不可，只是藏民無論如何都不能親自宰殺動物，這項工作多半由居於藏地的回人來做。他們還有一個有趣的觀念，就是吃大動物比小動物好，也就是說吃牛、羊比吃海鮮好，因為同樣是犧牲一條生命，犧牲大動物可令更多人吃飽。但對於我們來說，反而會覺得吃哺乳類動物比較令人內疚，總覺得牠們有比較像人的情感。這可能就是佛教徒和非佛教徒的差別，他們會覺得生命就是生命，不論形態，不論價值，都應該是平等的。

飯後與經營小餐廳的一家人聊天，跟阿姨抱著的小嬰兒玩，她們還教了我們幾句藏語。但就在此時，司機就來催促我們離開了，在夜色中繼續出發，結果我們十一點多才回到薩嘎，累透了，幾乎倒頭就睡。

回到城市之前，我們先離開219國道，轉入往南的318國道。318是全中國最長的國道，全長五千多公里，起點遠在上海，一路延伸至中尼邊境。看了幾天的高山、荒原，已經有點麻木了，本以為前往珠峰基地營的沿途風景也大概如此。但隨著海拔升高，我們發現自己很快就置身於白色世界中，公路兩旁全舖著雪，眼前就是雪山，又有一種不是身在人間的錯覺。

突然在一片純白中出現極致的藍，司機說這是佩枯錯湖，日喀則地區最大的湖泊，海拔高達4580米。它像是躺在雪地上的藍寶石，被雪山包圍，在陽光的照射下熠熠生輝，美得無法形容。

車子在老定日停下，是個熱鬧的村莊，各式各樣的商店布滿公路兩旁，幾乎是應有盡有。我們一起走進一間漂亮的小餐廳吃飯，嘗到司機推薦的肉丁湯，果然是料多又好吃，在雪地上冷了半天，沒有比喝到熱湯更令人喜悅了。

午後再出發，我們很快就要離開公路，踏上旁邊凹凸不平的沙石路，一路顛

簸，往海拔高達5200米的珠峰基地營前進。這次真的要買門票了，但居然也可以議價，經過一番交涉後，「成交價」是每人七十塊人民幣，外加四百塊車子進山費，後者由大家一起分擔。

三小時後，我們到了所謂的珠峰基地營，其實就是一個能遙望珠穆朗瑪峰的地方。海拔標示牌附近有數之不盡的嘛呢塔，沿著小路爬到最高處，在一層又一層的風馬旗之後，前方出現我們期待以久的珠峰！潔白無暇的雪山被層層霧氣包圍，更增加了這個世界第一高峰的神祕感。它是多年來冒險家的夢想，登峰的故事被寫成書、拍成電影，要是在尼泊爾那邊徒步登上珠峰基地營，大概可以略略體會探險家的感受。但在西藏這邊，車子一路把我們送到基地營，唯一要做只是走一小段路到觀景台，雖然輕

鬆，但總覺得少了一點感覺。

在定日住了一晚後，我們又馬不停蹄地趕往日喀則。重回城市後，其他人要司機停在市場，下車去買了一大堆水果。我們最想去的地方則比較奇怪，是髮廊，因為阿里地區太乾了，凱琪一路上一直說她的頭髮打結很嚴重，每天都要花很大力氣把頭髮梳開，再不做點什麼，頭髮都要變成草了！

日喀則倒真的有不少髮廊，隨便走走就找到一家，看起來就跟一般中國城市的沒兩樣。一走進去，接待我們的是來自浙江的大哥大姐，他們說話帶有一種豪邁的氣息，一直說我們看起來很文弱，不像是會去阿里這樣的地方，連小家碧玉這種詞都出來了，逗得我們忍不住發笑。快離開的時候，老闆開始向我們傳教，而且是基督教，在西藏聽中國老闆講耶穌，感覺很奇妙。

事實上，現在西藏的城市都住著不少中國移民，多半是來做生意的，即使遠在阿里地區，路上也不時看到川菜館。打開中國地圖一看，就可發現西藏占目前中國版圖多大一部分，地大而人少，看在政府眼中是無窮的發展潛力，因此中國政府從占領西藏的時候就開始鼓勵移民。時至今日，漢人的文化逐步侵蝕西藏本土文化，西藏真的還是藏人的西藏嗎？

四　歷史中的拉薩

回到日喀則，熟悉的城市景觀出現眼前，我們已經做好結束旅程的心理準備。但在回拉薩之前，司機帶我們走與去程不同的路線，途經漂亮的滿拉水庫、卡若拉冰川和西藏三大聖湖之一——羊卓雍錯。

西藏的湖泊是百看不厭的，同樣是被高山包圍的湛藍湖面，這次湖邊多了好大一群羊，仔細一看原來是有個牧羊人在放牧。長著厚毛的羊一隻接一隻，臉上掛著「微笑」，用短短的腿奮力往前跑，我們忍不住邊拍照邊喊：「好可愛！」然而就在我們興奮地看羊的同時，開始有車堵塞在公路上，回到路上後，壞消息就傳來了，原來前面唯一往拉薩的公路因修路工程而暫時封閉，會封閉到什麼時候呢？還不知道！

一開始我們的心情還很輕鬆，下車到山坡上去看另一群羊，但在三小時後，我們面如死灰地坐在車上，瞪著前方完全沒有移動跡象的車潮。拖了一個又一個小時，都還沒有公路重開的時間，連司機也等不下去了，他說，不如把車駛到湖邊，走卵石灘跳過修路的部分，再想辦法回到公路上。當時我們已經等夠久了，於是一致同意試一試。

一切看似很順利，現在只差最後一步——離開卵石灘，回到公路上。但我們

面前有一個不易跨越的路障，司機開的又不是吉普車，只是已經來到這裡了，沒道理回頭去「排隊」，他就決定試一試。當時天已黑，寒風不住拍打著車窗，但為了減輕車子的負擔，我們全部都下車了。司機在車內發動引擎，男生在外面幫忙推車，我們這些女生就站在旁邊「心理建設」：「師傅開越野車的！」「輕鬆！」

最關鍵的一刻來了，終於過了！我們緊張地看著車子往前衝，終於過了！忍不住大聲歡呼。回到公路上後，司機大概是覺得時間拖太久了，一路狂飆回拉薩。不知道是不是因為一同度過了一個難關，車上的氣氛突然變得很熱絡，我們跟著司機播放的歌曲，在黑暗中大聲唱歌。

回到拉薩後，大家都很累了，但因為有些「團友」明天就要離開拉薩了，我們幾個住在同一家青年旅舍的人，就在附近找了一家二十四小時營業的餐廳吃了頓道別飯，依然是川菜，但比路上吃到的好吃多了。

一覺睡醒，又回到現實世界。第一件要處理的事是回香港的交通，旅行至今已兩個多月，既然已經到過最想去的阿里，是時候要決定離開的日期了。記得在布達拉宮附近的中國郵政，有個火車售票處，吃過早餐後就直接走路過去。

一直聽說青藏鐵路的火車票很搶手，因此我們擬好了三個計畫，要是三天後的火車滿座了，也能立刻應變。但當我們走到櫃台，跟售票員說要買兩張十一月十五日到廣州的硬臥下舖票，居然順利換來兩張票。剩下兩天半，應該足夠我們去完拉薩最重要的景點吧！

下午先回到大昭寺，終於有時間好好感受這個藏傳佛教重要朝聖地的神聖氣氛。要是順著歷史脈絡去看拉薩，大昭寺也應該是我們的第一站，因為它代表了吐蕃王國的全盛時期。

境外民族常被古代中國視為蠻夷，但其實早在中國的唐代，吐蕃王國已經與其他亞洲內陸民族、甚至印度建立了關係。當松贊干布統一西藏，建立國家制度，開始往外擴張，他先派出使臣往泥婆羅求親，被拒絕後發兵攻打，娶得尺尊公主。面對當時強盛的唐朝，松贊干布亦採取同樣方法，然而當時仍不敵唐軍，只好退兵，但也讓唐朝開始正視這個正在掘起的鄰居。在吐蕃放軟姿態後，唐朝答應了和親，出嫁的公主正是歷史上有名的文成公主。

我們眼前的大昭寺與這位傳奇的公主關係甚大，因為當時松贊干布建造大昭寺、小昭寺就是為了放置尺尊公主和文成公主分別從尼泊爾和中國帶來的佛像，據說當時文成公主更參加了大昭寺的建造過程。但後來在文化大革命期間，紅衛兵在

西藏到處「破四舊」，大昭寺中不少文物遭到破壞，包括當時文成公主帶到吐蕃的佛像，現在寺內供奉的只是殘片。

文成公主的犧牲，使兩國之間的關係暫時和平，但在松贊干布死後，戰爭又開始了。到了西元七六三年，松贊干布的玄孫赤松德贊揮軍直逼長安，唐朝被逼簽下協議。在赤松德贊的領導下，吐蕃王國繼續擴大，同時他先後請來寂護大師和蓮花生大士兩位印度佛法大師，引入佛教。這兩位皇帝可以說是西藏早期歷史中最重要的人物，他們為當地帶來的影響延續至今。

作為藏傳佛教的聖城，拉薩當然不止有大昭寺，還有著大大小小的寺院，但我們無法逐一參觀，只選擇了位於近郊一座重要的格魯派寺院——色拉寺。

跟我們去過的扎什倫布寺一樣，色拉寺也大得像一座小型城市。兩者同為格魯派寺院，建造樣式已從佛教前弘期寺院的曼陀羅式轉變成自由式，多半依山而建，融入附近的自然環境。

藏傳佛教寺院中級別最高的建築是措欽大殿，與其他宗教建築如雍布拉康一同位於高處，以位置來突顯重要地位的建築手法在西藏相當常見。寺院內部的組織層次分明，一如其建築。最高級的單位是拉吉，然後依次是札倉、康村和彌村。但色拉寺的措欽大殿比我們想像中樸素，屋頂上只有幾個金色裝飾，殿前門簾上面印著幾個藏傳佛教象徵符號。其中最為人所知的符號是吉祥結，與其餘七個同樣象徵好運的符號統稱八瑞相。八瑞相在印度傳統中代表吠陀教眾神敬獻給釋迦牟尼的供物，到了西藏，八瑞相也象徵佛陀身體的各部分，例如寶傘代表「頭」、金輪代表「雙足」、勝利輪代表「身」、海螺代表「語」，而最常在商店、寺院門簾上出現的吉祥結則代表「意」。

從措欽大殿出來後，我們聞聲找到辯經場。一牆之隔，卻像是兩個世界，辯論聲打破了寺院的寧靜，許多穿著絳紅袍的喇嘛在樹下討論佛學知識，手舞足蹈，不時大力拍掌。原來辯經是僧侶學習過程中重要的一環，站著的通常是資歷較深的喇嘛，負責擔當質問者的角色，而負責回答的喇嘛為了表示尊重和謙卑，全程都是坐著的。

要是在電影中，此時鏡頭就應該往外拉，觀眾就會發現在激烈的辯論畫面之外還有一大群的旁觀者，大部分是像我們這樣的遊客，正在忘形地拍照，當中也夾雜著一些藏人，正專注地看著前方的喇嘛，看得津津樂道。環顧四周，我不禁好奇當時正在辯經的喇嘛對此有什麼想法，尤其是對我們這些拿著大相機的遊客，會有一

點點的不自在嗎？這就是我在旅行時往往不太敢拍別人的原因，好像把對方的行為當成表演，不是每個人都喜歡這種感覺。

現在辯經成了色拉寺最具代表性的活動，不少遊客甚至是為此而來的，但在藏傳佛教徒心中，色拉寺的重要性更多是與它的歷史有關。

色拉寺建於一四一九年，當時西藏正處於佛教後弘期。赤松德贊在位期間，佛教從印度傳入，影響力逐漸超越西藏本土宗教苯教，這段時期被稱為佛教前弘期。赤松德贊死後，赤祖德贊繼位，後來被兄弟朗達瑪所殺。朗達瑪即位後，一心要復興苯教並消滅佛教在當地的影響力，但這樣的政策引起當時已接受佛教的人民不滿，最後朗達瑪被僧人拉壠貝吉多吉殺死，西藏進入政治分裂時期。但與此同時，佛教的影響力也逐漸回歸，在據說由蓮花生大士在前弘期所創的寧瑪派外，另外三大教派——噶當、噶舉、薩迦先後在此時興起。

達賴喇嘛所屬的格魯派出現在這些教派之後，但教義承接噶舉派。事實上，噶舉派大師杜松虔巴是第一位會在圓寂前，明確告訴弟子轉世地點的喇嘛，後來這個轉世制度成了達賴喇嘛傳承的方式。從第一世到目前第十四世，尋找轉世喇嘛的方式都是由當時的攝政往拉姆拉錯觀湖沉思，得到啟示後拿著信物，尋找新一世的達賴喇嘛。對於非佛教徒來說，轉世既神祕又難以理解，十四世達賴喇嘛丹增嘉措曾解釋轉世並不是同一個人的靈魂轉換，像他就感受到自己與五世、十三世以及菩薩皆有連結，並不代表他就是十三世達賴喇嘛圖登嘉措。

史學家從實際的角度分析轉世制度，他們認為這個相對穩定的傳承制度是格魯派發展較快的原因之一。十四世達賴喇嘛丹增嘉措也不否認轉世制度有其實際好處，至少使噶舉派的教義傳承至今，而每一世達賴喇嘛之間的連結也保護了這個傳承的純潔，不過也同時使寺院的財富與農奴持續累積，不少人因而受苦。

到了離開西藏的前一天，我們才終於願意早起去參觀布達拉宮。記得在從機場出來的民航大巴上第一次看到布達拉宮，遠看已感受到其宏偉、氣勢不凡。以前在

大學做過一份關於布達拉宮建築特色的報告，現在親眼看到，感覺特別奇妙。

幸好是淡季，布達拉宮的門票價格從兩百人民幣降至一百，遊客也不多，但附近依然有不少拍照的小攤子，上面展出一張又一張遊客穿著「藏族服裝」與布達拉宮的合照。走到大門前，「導遊」蜂擁而上，我不知道有人講解會否真的比較好，但他們太煩了，我們的第一個反應是往前走。爬了無數級階梯後，終於到了一個廣場。廣場上有不少職員四處提醒遊客不可拍照，我們也乖乖地把相機收起來，才走進白宮參觀。

布達拉宮代表了西藏社會的一大特色——政教合一，經過多年教派分裂後，格魯派在蒙古勢力的幫助下成了統治西藏的教派，自此以後，達賴喇嘛就不止是宗教領袖，也是國家領袖。而真正

一統西藏的是五世達賴喇嘛阿旺羅桑嘉措，他修建了曾為吐蕃王宮的布達拉宮，從此我們眼前的白宮成了達賴喇嘛的居所和處理政務的地方。

位於布達拉宮正中央的紅宮則代表宗教的部分，因此主要建築為佛堂和靈塔殿。這些靈塔就是放置達賴喇嘛法體的地方，比我們想像中更金碧輝煌，上面鑲滿寶石，但不減殿內莊嚴的氣氛。我們不由自主地放輕了腳步，在昏暗的燈光中細細觀賞牆上的壁畫，還有坐在牆邊低聲誦經的喇嘛。

藏人重視宗教，喪葬習俗自然也較其他國家繁複。在佛教傳入西藏之前，當地流行土葬，但佛教重視人的靈魂多於實際遺體，因而出現了天葬。這個看似奇異的葬禮，背後有很深的意義，因為當動物吃了屍體後就會

少傷害一些其他的生命，等於死者做了功德，拯救了其他的生命，所以天葬亦被稱為「最後的拖捨」。

至於塔葬，則是只用於高僧和活佛的葬禮。這個歷史悠久的習俗源自印度，在高僧圓寂後，要先以各種名貴香料和藥材處理法體，再送進靈塔。這些靈塔的材質往往代表了死者的身分，像我們眼前的金靈塔，只用來放置達賴喇嘛的法體。十四世達賴喇嘛丹增嘉措曾經說過，藏人對布達拉宮的感情主要來自達賴喇嘛，而對他自己來說，「那只是一座建築而已」。

自從五世達賴喇嘛阿旺羅桑嘉措統一西藏後，布達拉宮成了當地政治和宗教中心。但從六世倉央嘉措坐床開始，國家同時面對內部的鬥爭和滿清逐漸增長的勢力，使西藏成了「在意義曖昧不明、滿清保護狀態下的積弱國家」。

滿清被推翻後，中國政府對西藏的威脅越來越大，西方勢力入侵激起了中國人的民族主義，西藏開始被逼承認中國的「主權」。此時西藏是一個連正式軍隊都沒有的國家，只能屢次向外國求援，但在錯綜複雜的國際情勢下，沒有國家願意明確幫助西藏，十三世達賴喇嘛圖登嘉措對國家的改革也無法挽救西藏。最後在一九五一年，中國政府出兵「解放」西藏，自此西藏成為了西藏自治區，大部分藏人居住的藏區更被分到自治區之外，成了青海、四川、雲南省的一部分。現在矗立於布達拉宮對面的「西藏和平解放紀念碑」建於西藏「和平解放」五十年後，兩者之間只隔著一條北京中路，彷彿在時時刻刻提醒藏人這段歷史。

然而站在現今中國的立場來看，又是一段截然不同的歷史。走進西藏博物館，在故意加入藏族裝飾元素的外牆之內，是一個又一個新穎而現代化的展示廳，放在

任何大城市的博物館中都不突兀。展示廳的主題以歷史為主，我們從史前時期走到現代西藏，發現整個展館都在強調中藏之間的關係，包括展出的畫作、物品、照片，都嘗試用兩地從唐代以來的交往，去證明西藏一直都是中國的一部分。

當然這是一個很大的議題，中藏雙方對此有截然不同的看法。我們從博物館的設計、編排上可以看出中國的立場，然而站在西藏流亡政府的角度，十四世達賴喇嘛丹增嘉措也曾明確敘述他所認知的西藏歷史。對於西藏曾被蒙古及滿清統治的說法，一方面當時中國與西藏同樣受兩族「統治」，如果把蒙古和滿清曾侵略的土地都當作是中國的，現今中

國是否可以到更多地方宣示「主權」呢？另一方面，達賴喇嘛亦認為西藏與蒙古、滿清之間的關係並非單純建立在政治、軍事上，宗教所占的成分更大，因此他們之間是僧伽和施主的關係。無論如何，用現代的定義去解釋古代的國際關係是否正確呢？一個國家又是否可以以此為由，表示另一個國家是自己的呢？這是一個值得思考的問題。

五　從流動的家到真正的家

背著一個大背包、一個小背包，拖著一個大行李包，上面還綁著一個裝滿食物的塑膠袋，這些就是我們從這兩個半月旅行中所帶走的東西。其實從斯里蘭卡回到馬來西亞後，我們已經到當地郵局各寄了一箱行李回家，但在尼泊爾又買到失控，那裡又沒有可靠的郵政系統，只好把行李帶到西藏，才會變得如此狼狽。

毫不猶豫地選擇坐計程車到火車站，下車後卻絕望地發現停車的地點離入口還有好長一段距離，但我們還是得咬緊牙關，硬把行李拖到站前。負責檢查行李的警員被我們嚇到了，居然幫我們一起把行李拿到候車區，找好空位，看我們安頓好再離開，連旁邊的乘客都說：「怎麼這麼好啊！」

幸好我們提早出發，當時離火車開出還有一些時間，可以先吃碗麵。等到廣播響起，宣布車已到站，全部乘客一同湧向檢票處，熱鬧的候車區很快就空了，我們也跟著人群走，提著大包小包擠上火車。

中國火車的設計比較特別，硬臥包廂有六個床位，但下鋪的空間比中、上鋪要大得多，前者跟票價貴一倍的軟臥鋪位差不多，後者卻只足以容身，躺進去以後甚至沒辦法坐起來。就是因為知道這一點，我們在買票時就決定了非下鋪不買，寧願晚點走也要在車上睡得舒服，畢竟這是三天兩夜的車程啊！

找到屬於我們的舖位後，立即把車上會用到的所有物品、食物全拿出來，跟我們住在同一個包廂的另外兩名乘客也在做同樣的事，使車廂頓時充滿生活氣息。這個臨時的「家」成形後，我們舒服地攤坐在床上，拿出一本書，打開一包零食，準備開始這趟漫長的「旅程」。

青藏鐵路於二〇〇六年通車，這條全長近兩千公里的高原鐵路途徑四十五個車站，大部分的海拔都在四千米以上，其中最高的是海拔五千多米的唐古拉山口。坐在火車上，看著窗外的一片荒蕪，身旁就是青藏線火車獨有的供氧口，大致可以想像建設這條鐵路的難度。事實上，為了興建青藏鐵路，中國政府確實投注了大量資金和時間，這無疑是個偉大的工程，但對於背後的目的，中國政府和西藏流亡政府卻各自有不同的想法。

根據中國國務院於官方網站上發表的新華社文章，當中提出了大量數據，大力稱讚青藏鐵路帶來的經濟增長，例如西藏的國內生產總值（GDP）從二〇〇六年的三百四十二億，增加到二〇一五年的一千零二十六億，年均增長速度達百分之十，而在過去十年間，西藏的總遊客人數為八千八百萬，旅遊業帶來的收入更從二〇〇五年的十九點四億，增加至二〇一五年的二百八十億。但這些驚人的經濟增長背後的受益者是否真的是當地人呢？對此，文中亦不忘強調青藏鐵路如何在「成為西藏經濟發展助推器」之餘，「成為西藏各族群眾的幸福線」，例如從中國輸入的現代化生活方式提升了藏民的生活水平，他們的收入亦因為鐵路帶來的商機而增加了。

然而從藏人行政中央的角度來看，青藏鐵路的建設又是另一個故事。鐵路建成後，大量中國商人、遊客湧入西藏，短短十年間，當地變得面目全非，尤其是拉薩，所謂現代化的生活方式逐漸掩蓋了西藏的傳統文化，這是中國政府嘗試同化藏人的證明。同時，改善西藏交通其實有助中國政府加強對當地的控制，除了運輸軍隊更方便，根據目前中國政府對西藏交通發展的規劃，未來鐵路將一直往外延伸至邊境，使中國能更有效掌控這些地區的藏獨勢力，甚至外國對西藏的支持。

有趣的是，中國政府在談及任何西藏建設時，都強調是為了藏人，但對於流亡藏人而言，這些建設卻全是為了中國人的利益。中國地質調查局局長孟憲曾透露，青藏鐵路的建設是開採當地天然資源的計畫一部分，包括開發各種礦產如銅、鐵、鉛、鋅，以及建造水庫和水電站，過程中破壞了西藏的自然環境及歷史文化，成果卻大部分被送往中國。同一個問題出現在旅遊業帶來的收入，所有負面影響都由世代居住在當地的藏人承擔，得益的卻是來經商的中國人，或甚至是西藏以外的旅遊業從業人員。

青藏鐵路的建設打開了西藏的大門，好奇的遊客湧入西藏。有人說中國政府發展西藏旅遊業不止為了觀光收入，也是為了讓中國可以以「自己的方式」訴說西藏歷史。這就是大部分遊客在西藏旅行需要聘請指定導遊的原因之一，一方面可以控制他們所聽所看的一切，另一方面，這些導遊亦可作為政府的「代言人」，把官方認可的訊息傳遞出去。

火車上的悠閒時光很快就過去了，到了深夜，就在我們快要睡著之時，剩下兩個舖位的主人在中途上車，整理行李時發出的聲響使我們完全睡不著。然而在一大清早，火車裡便熱鬧起來了，乘客開始來回走動、大聲聊天，推著餐車的小姐走過一個又一個包廂賣早餐，還有賣伴手禮的，通常是酸奶之類的「高原特產」，我們當然也早被吵醒了，只是躺在床上不願起來。此時，火車上的廣播響起，原來我們快到西寧了。

聽到附近的乘客談論等一下要換車，我們才知道不是三天兩夜都坐同一輛車，而是要在西寧換乘普通的火車。不是吧，才剛「布置」好我們的「家」，又要把所有行李收好！但抱怨歸抱怨，我們還是開始乖乖地收拾行李。

從西寧到廣州的火車明顯較青藏線的火車遜色，地方狹窄一些，車上的設備也不如之前的好，但接下來兩日一夜的生活還是一樣——吃飯、看書、吃零食、聽歌、聊天，我們在拉薩的超市搜括了一大堆糧食，就是為了幫助自己度過這些車上的日子。

記得我第一次坐臥鋪火車是從香港到上海，出發之前對火車旅行還存有一點美麗的幻想，畢竟這在很多人的想像中是一種浪漫的旅行方式——可以實際地感受到兩地之間的距離，可以在睡夢中感受火車移動的速度，也可以在百無聊賴的車程中跟其他乘客有多一點交流。但那一次的經歷完全打破了我的幻想，火車上沒有多少旅行的氣氛，只有吵鬧的大媽、尖叫的小孩和鼾聲如雷的男人，而我被逼的要在狹隘的空間中跟他們相處十多個小時。

我和凱琪後來還有一個可怕的經歷，當時我們打算從廈門坐火車到上海，為了使長途車程舒服一些，買了軟臥車票，卻沒想到包廂內的另外兩個乘客完全沒有一點衛生觀念，媽媽把腳伸到凱琪的床上，兒子到處亂跑、亂爬、亂叫、亂丟垃圾，把整個包廂都弄得很髒。那是我們第一次在旅途中與人認真吵架，吵到自己都哭了。

當然，火車旅行也有美好的一面。我曾在南寧往越南河內的火車上，認識到樂於助人的中國女生，幫助當時第一次出國的我安排前往市中心的交通。從越南河內到峴港，跟我坐在同包廂的幾名男生雖然不會英文，也試著跟我聊天，還請我吃東

西。在泰國，我亦曾乘坐十分舒適的臥鋪火車到馬來西亞，途中認識一個美國女生，到了馬來西亞一起坐船到檳城，還一起合租一個房間。

對臥鋪火車的想像與現實，一如我們對旅行的想像與現實，可能是因為旅行本身就是一個帶有浪漫色彩的活動，有些人總覺得愛好旅行的人是不切實際的，他們視旅行為玩樂，甚至只是逃避現實生活的方式。但其實真正的旅行只是換個地方生活，途中仍然要面對各式各樣的問題——金錢、健康、人際關係，而我在旅行中學到的其實比所謂現實生活中多很多。

旅行帶來的改變是潛移默化的，我很少會在完成一趟旅行後，突然覺得自己學到什麼或體會到什麼，反而是在很久之後突然回首，才發現自己變得不一樣了。

記得在二十歲那年經陸路從香

港到馬來西亞時，躺在往越南的火車臥舖上一直胡思亂想，結果一整夜沒睡。在途中遇到需要組團參加的活動時，作為團中唯一的東方人，也會不知道如何加入話題，又怕自己英文不好。但不知道從何時開始，我發現自己不再害怕一個人睡，不再害怕未知數，甚至會期待意料之外的事發生，也逐漸了解到語言能力跟溝通能力沒有直接關係，那些所謂的障礙其實只是自己設下的心理關口。

為了旅行，我努力使自己的語言能力變好，訓練自己寫出更好的文章、拍出更美的照片和影片。因為旅行，我學會了潛水、騎機車和大大小小也許在他人眼中不太有用的技能，我開始覺得要更關心這個世界，不止是自己去過的那些國家，還有一些不被大眾所注意的地方。要是不走出「舒適圈」，我們對外面世界的認知永遠只能是「二手」的，然而很多時候「二手」資訊只是一些刻板印象，並不與事實相符。

我可以肯定的是，如果三年前沒有選擇自己背著背包走出東南亞，今天的我可能仍然是那個缺乏自信心的高中生，而不會是現在相信自己可以做到很多事情的我。

推著餐車的小姐說，「高原特產」現在半價促銷，我想我們快到終點了。兩個多月的旅行在廣州火車站劃下句點，我們幾個小時後順利回到香港，在夜色中坐著快捷方便的通宵巴士回家，窗外的一切看起來完全沒有改變。明天開始，我們就跟幾個月前開始找工作的同學一樣準備履歷、上網尋找職位空缺、寄求職信、等待、面試，不會因為過去三個月發生的一切而有什麼優勢，也不會因此有什麼奇遇發生，這讓人不禁有種淡淡的失落。

然而就在我以為自己已經投入現實生活時，旅行帶來的改變卻如影隨行。在某些時候，我會發現自己比別人更獨立一點，更能適應新環境一點，對新事物的態度開放一點，對於自己想做的事可以更勇敢一點。隨著時間過去，旅行中的點點滴滴也開始轉化成一個個故事。途中遇到的人、事、物依然清晰，那些人人眼中一樣的景點卻會變得模糊。

有時候我會覺得，或許單是擁有故事，就足以使人在不知不覺中成為那個與眾不同的人。

聯絡資料

★以下資訊為 2015 年的情況

斯里蘭卡

住宿（地點 / 名稱）

Colombo	Backpack Lanka http://www.backpacklanka.com/
Deniyaya	Eco Villa http://www.ecovillasinharaja.com/
Ella	Ella Village View Homestay ellavillageview@gmail.com
Eluwankulama	Wilpattu House http://www.wilpattuhouse.com/
Galle	Galle Centre Home (+94-711404040)
Jaffna	Pillaiyar Inn https://pillaiyarinn.bookings.lk/
Kandy	Olde Empire Hotel http://www.oldeempirehotel.com/
Kitulgala	Kumbuk Sevana Adventure Camp https://www.facebook.com/KubukSewanaAdventureBaseCamp/
Mannar	Mannar Guest House http://www.mannarguesthouse.com/
Negombo	Marine Tourist Guest House http://www.marine-negombo.com/
Nilaveli	Brindavan Cottage http://brindhavancottagesnilaveli.com/
Nuwara Eliya	Sri Helyes Inn (+94-779779203)

其他（地點 / 名稱）

Ella	Spice Garden（烹飪班）- 2,000 盧比 / 每人 ellaspicegarden@gmail.com
Kitulgala	Xclusive Adventures（漂流）- 20 美金 / 每人 http://www.xclusive-adventures.com/
Nilaveli	Poseidon Diving Station（潛水＋浮潛） http://www.divingsrilanka.com/

- 潛水體驗連浮潛 (不計鴿子島入場費 2,100 盧比) - 80 美金 / 每人
- 兩次船潛連浮潛 (不計鴿子島入場費 2,100 盧比) - 75 美金 / 每人
- 一次岸潛連浮潛 (不計鴿子島入場費 2,100 盧比) - 5,000 盧比 / 每人

西藏

住宿（地點 / 名稱）

拉薩	平措康桑青年旅舍 http://www.yhachina.com/ls.php?id=184
日喀則	康勛賓館
薩嘎	山城旅館
霍爾	成都大酒店
札達	重慶賓館
定日	雪域飯店

其他（地點 / 名稱）

阿車南線	小蔣（包車）- 2500 人民幣 / 每人 13628907964

尼泊爾

住宿（地點 / 名稱）

Ghorepani	Poon Hill Lodge
Kagbeni	Red House Lodge
Kalopani	See U Lodge
Kathmandu	Avalon House http://www.avalonhouse.com.np/
Khudi	Riverside Guest House
Manang	Nigiri lodge
Marpha	Sunrise Lodge
Muktinath	Bakmali Lodge
Ngawal	Lhasa Guest house
Pokhara	Eco Resort http://www.pokharaecoresort.com/
Pokhara	New Annapurna Guest House http://newannapurna.com/
Shikha	Greenland Lodge
Syange	Ramboo Guest House
Tadapani	Magnificent Lodge
Tal	Peaceful Lodge
Tatopani	Himalayan Lodge
Thanchowk	Riverside Lodge
Thorong Phedi	Angry Lodge
Upper Pisang	Hilltop Lodge
Yak Kharka	Thorom Pick Lodge

其他（地點 / 名稱）

Annapurna Circuit	Krishna（徒步＋導遊）- 25 美金 / 每天 Krishnalama634@gmail.com
Annapurna Circuit	Shiva Treks & Expeditions（徒步） http://www.shivaholidays.net/

1,380 美金 / 每人，包含：

- 聘請導遊費用
- 聘請背夫費用
- 徒步期間住宿
- 徒步期間早、午、晚餐
- 徒步許可（ACAP + TIMs）
- 來回加德滿都與徒步地點的交通
- 兩晚博卡拉住宿

參考資料

書籍

中文

1. 《尼泊爾：深山中的古國》，梁晨著，香港城市大學，2011。
2. 《名為西藏的詩》，唯色著，大塊文化，2006。
3. 《西藏的故事：與達賴喇嘛談西藏歷史》，湯瑪斯・賴爾德著，莊安祺譯，聯經出版公司，2008。
4. 《恆河之魂：印度教漫談》，江亦麗著，三民出版，2007。
5. 《看不見的西藏》，唯色著，大塊文化，2007。
6. 《旅行的異義：一趟揭開旅遊暗黑真相的環球之旅》，伊莉莎白・貝克著，吳緯疆譯，八旗文化，2014。
7. 《斯里蘭卡：印度洋上的明珠》，劉藝著，香港城市大學，2014。
8. 《達賴喇嘛自傳：流亡中的自在》，十四世達賴喇嘛丹增嘉措著，康鼎譯，聯經出版公司，1990。
9. 《藏傳佛教象徵符號與器物圖解》，羅伯特・比爾著，向紅笳譯，時報出版，2007。

英文

1. *Minority Rights in South Asia*. Rainer Hofmann & Ugo Caruso. Peter Lang, 2011.
2. *Nepal and the Geo-Strategic Rivalry Between China and India*. Sanjay Upadhya. Routledge, 2012.
3. *The Golden Wave: Culture and Politics After Sri Lanka's Tsunami Disaster*. Michele Ruth Gamburd. Indiana University Press, 2013.
4. *Tibet: Culture on the Edge*. Phil Borges. Rizzoli Intl Pubns, 2011.
5. *Tibetan Nomads: Environment, Pastoral Economy and Material Culture*. Schuyler Jones. Thames & Hudson, 1996.
6. *Tourism and Development in Mountain Regions*. Pamela M. Godde, Martin F. Price & Freidrich M. Zimmermann. CABI Pub., 2000.
7. *Work-Related Migration and Poverty Reduction in Nepal*. Michael Lokshin & Mikhail Bontch-Osmolovski. World Bank, 2010.
8. *Workforce Development in Nepal: Policies and Practices*. Agni Prasad Kafle. Asian Development Bank Institute, 2007.

期刊

1.〈甘、青、川、滇藏區藏傳佛教寺院分布及建築群布局特徵的變異與發展〉，柏景、陳珊、黃曉著，建築學報，2009 年 S1 期。
2.〈苯教神學研究:苯教神祇體系及特徵分析〉，拉巴次仁著，，西藏大學學報（社會科學版），2010 年 03 期。
3.〈從曼陀羅到自由式：談藏傳佛教寺院布局形制的轉變〉，黃躍昊著，華中建築，2010 年 03 期。
4.〈論藏傳佛教寺院組織制度〉，美朗宗貞著，西藏大學學報（社會科學版），2014 年 03 期。

政府部門

斯里蘭卡

Department of Census and Statistics http://www.statistics.gov.lk/

Department of Wildlife Conservation http://www.dwc.gov.lk/index.php/en/

尼泊爾

Central Bureau of Statistics http://www.cbs.gov.np/

Nepal Tourism Board http://www.welcomenepal.com/

Department of Roads http://www.dor.gov.np/

中國

國務院 http://www.cbs.gov.np/

非政府組織 / 機構

英國廣播公司（BBC） http://www.statistics.gov.lk/
Cable News Network（CNN） http://edition.cnn.com/
藏人行政中央官方網（CTA） http://xizang-zhiye.org/
ElephantVoices http://www.elephantvoices.org/
International Campaign for Tibet http://www.elephantvoices.org/
International Porter Protection Group http://www.ippg.net/
國際自然保護聯盟（IUCN） http://www.iucn.org/
Sri Lanka Tea Board Official Web Site http://www.pureceylontea.com/
國際透明組織（Transparency International） https://www.transparency.org/
聯合國教育、科學與文化組織（UNESCO） http://en.unesco.org/
聯合國難民署（UNHCR） http://www.unhcr.org/
聯合國世界旅行組織（UNWTO） http://www2.unwto.org/en
世界銀行（World Bank） http://www.worldbank.org/
Sri Lanka Wildlife Conservation Society（SLWCS） http://www.slwcs.org/
Women's Skills Development Organization https://wsdonepal.com/
世界自然基金會（WWF） https://www.worldwildlife.org/

5416米，地圖上看不見的距離：兩個女孩的山海之旅

作　　者　林曉慧

發 行 人　林敬彬
主　　編　楊安瑜
副 主 編　黃谷光
責任編輯　黃谷光
編　　輯　黃暐婷
內頁編排　黃谷光
封面設計　季曉彤（小痕跡設計）
編輯協力　陳于雯
出　　版　大旗出版社
發　　行　大都會文化事業有限公司
11051 台北市信義區基隆路一段 432 號 4 樓之 9
讀者服務專線：（02）27235216
讀者服務傳真：（02）27235220
電子郵件信箱：metro@ms21.hinet.net
網　　址：www.metrobook.com.tw

郵政劃撥　14050529　大都會文化事業有限公司
出版日期　2017 年 05 月初版一刷
定　　價　420 元
I S B N　978-986-93931-8-8
書　　號　Forth-020

First published in Taiwan in 2017 by Banner Publishing,
a division of Metropolitan Culture Enterprise Co., Ltd.

4F-9, Double Hero Bldg., 432, Keelung Rd., Sec. 1, Taipei 11051, Taiwan
Tel: +886-2-2723-5216　Fax: +886-2-2723-5220
Web-site: www.metrobook.com.tw
E-mail: metro@ms21.hinet.net

大旗出版 BANNER PUBLISHING　大都會文化

國家圖書館出版品預行編目（CIP）資料

5416 米，地圖上看不見的距離：兩個女孩的山海之旅 / 林曉慧著. -- 初版. -- 臺北市 : 大旗出版 : 大都會文化發行, 2017.05
288 面 ; 23×17 公分
ISBN 978-986-93931-8-8（平裝）

1. 遊記 2. 世界地理

719　　106005578

大都會文化　讀者服務卡

書名：5416米，地圖上看不見的距離：兩個女孩的山海之旅

謝謝您選擇了這本書！期待您的支持與建議，讓我們能有更多聯繫與互動的機會。

A. 您在何時購得本書：_____ 年 _____ 月 _____ 日

B. 您在何處購得本書：__________ 書店，位於 __________（市、縣）

C. 您從哪裡得知本書的消息：

1. □書店　2. □報章雜誌　3. □電台活動　4. □網路資訊

5. □書籤宣傳品等　6. □親友介紹　7. □書評　8. □其他

D. 您購買本書的動機：（可複選）

1. □對主題或內容感興趣　2. □工作需要　3. □生活需要

4. □自我進修　5. □內容為流行熱門話題　6. □其他

E. 您最喜歡本書的：（可複選）

1. □內容題材　2. □字體大小　3. □翻譯文筆　4. □封面　5. □編排方式　6. □其他

F. 您認為本書的封面：1. □非常出色　2. □普通　3. □毫不起眼　4. □其他

G. 您認為本書的編排：1. □非常出色　2. □普通　3. □毫不起眼　4. □其他

H. 您通常以哪些方式購書：（可複選）

1. □逛書店　2. □書展　3. □劃撥郵購　4. □團體訂購　5. □網路購書　6. □其他

I. 您希望我們出版哪類書籍：（可複選）

1. □旅遊　2. □流行文化　3. □生活休閒　4. □美容保養　5. □散文小品

6. □科學新知　7. □藝術音樂　8. □致富理財　9. □工商企管　10. □科幻推理

11. □史地類　12. □勵志傳記　13. □電影小說　14. □語言學習（_____ 語）

15. □幽默諧趣　16. □其他

J. 您對本書（系）的建議：

____

K. 您對本出版社的建議：

____

讀者小檔案

姓名：__________ 性別：□男　□女　生日：____ 年 ____ 月 ____ 日

年齡：□ 20歲以下 □ 21～30歲 □ 31～40歲 □ 41～50歲 □ 51歲以上

職業：1. □學生 2. □軍公教 3. □大眾傳播 4. □服務業 5. □金融業 6. □製造業

7. □資訊業 8. □自由業 9. □家管 10. □退休 11. □其他

學歷：□國小或以下 □國中 □高中／高職 □大學／大專 □研究所以上

通訊地址：_______________________________________

電話：（H）__________（O）__________ 傳真：__________

行動電話：______________E-Mail：______________________

◎謝謝您購買本書，歡迎您上大都會文化網站（www.metrobook.com.tw）登錄會員，或至 Facebook（www.facebook.com/metrobook2）為我們按個讚，您將不定期收到最新的圖書訊息與電子報。

5416米

地圖上看不見的距離

兩個女孩的山海之旅

林曉慧——著

北區郵政管理局
登記證北台字第9125號
免　貼　郵　票

大都會文化事業有限公司
讀　者　服　務　部　　收

11051 台北市基隆路一段 432 號 4 樓之 9

寄回這張服務卡〔免貼郵票〕
您可以：
◎不定期收到最新出版訊息
◎參加各項回饋優惠活動